KB111614

부농의 기술

라이브 ● LIVE

커머스

귀농부터 완판까지
해결하는

부농의 기술
라이브 •LIVE
커머스

신문석 지음

· · ·

ᄄ

○○○ CONTENTS

○○○ CONTENTS

무엇이 나를 농촌으로 이끌었나?

시골에서 태어나 논과 밭을 보며 자라긴 했지만 농사 경험이라고는 텃밭에서 상추나 고추를 따는 일이 전부였다. 그러다 12년 전쯤 결혼을 계기로 농부의 사위가 되면서부터 반半농부의 삶을 살아가기 시작했다.

사람들은 보통 농촌을 생각하면 드넓은 자연과 유유자적한 전원생활을 가장 먼저 떠올린다. 물론 한 폭의 그림 같은 곳도 여기저기에서 볼 수 있지만 내가 겪어본 농촌의 모습은 그것과는 달랐다.

비닐하우스에서 하루 종일 허리를 숙인 채 일하시는 아주머니, 뙤약볕을 피하고자 동이 트기도 전에 논에 나가시는 어르신들이 계신 곳이 농촌이었고, 다음 농사를 위해 여기저기 교육을 받으러 다니고 더 높은 부가가치를 만들기 위해 애쓰는 곳이 농촌이었다.

게다가 작황이 좋음에도 일손 부족으로 수확을 포기하거나 농지 규모를 줄여야 하는 농가들이 증가하고, 코로나 팬데믹으로 마을회관이 폐쇄되어 그곳에서 담소를 나누시던 어르신들의 모습을 볼 수 없게 된 곳이 농촌이었다. 아직도 마을회관 앞으로 길게 줄 서 있던 할머니들의 보행기가 눈에 선하다. 지금은 상황이 조금 나아졌지만 여전히 코로나 이전의 활기는 되찾지 못하고 있다.

이처럼 기후와 사회적, 환경적 이슈에 가장 민감하고 직접적인 영향을 받는 곳 중의 하나가 농촌이었고, 감당해야 할 일들이 많아 낭만이라는 단어보다 현실이라는 단어가 어울리는 곳이 바로 농촌이었다.

그런데 그러던 농촌에 변화의 바람이 불어오기 시작했다. 디지털 농업이라는 트렌드에 맞춰 정부와 지자체의 노력 그리고 스마트한 농부들의 의지가 하나둘 모이기 시작하면서 선진 농업으로의 걸음을 재촉하기 시작한 것이다.

사실 농촌의 기계화와 디지털화가 어제오늘 이야기는 아니다. 산업의 발달 과정에 따라 영농 기술의 발전도 함께 진화했기 때문이다. 사람 대신 기계들이 지나다니며 수확을 하고, 하늘에선 드론이 날아다니며 방제를 하는 모습이 이제 낯설지 않다.

그중 가장 귀추가 주목되는 것은 정보통신기술Information and Communication Technologies, ICT을 접목해 품질과 생산량을 향상시켜 고소득을 창출하고 있는 스마트팜이다. 농업이 미래의 성장 산업이라면 스마트팜은 곧 우리나라 농업의 비전이다. 세계 3대 투자가인 짐 로저스는 '한국 청년실업과 교육 제도'에 대한 인터뷰에서 '농부'를 유망 직업군으로 강조하면서 농업의 가능성에 주목하라고 시사했다.

농업이 이슈가 되고 농업에 대한 인식이 변화되는 현상은 비단 우리나라만의 이야기가 아니다. 일본, 중국 등을 비롯해 유럽 선진국에서도 농업은 이미 경제 발전의 중요한 요소로 자리매김 중이다. 우리도 이제 지속가능한 농업을 어떻게 구현할 것인가에 대해 초점을 맞춰야 할 필요가 있다.

지속가능한 농업을 위한
방안

농부는 생산자다. 그렇다면 농사의 결실은 수확일까? 반은 맞고 반은 틀렸다. 결론부터 말하자면 농사의 결실은 농산물 판매다. 그렇다. 10년이라는 세월 동안 농사는 파는 게 일이라는 것을 피부로 느껴보니 생산만큼 중요한 것이 판로임을 저절로 알게 됐다. 해가 거듭될수록 '기껏 농사지었는데 못 팔면 어떻게 하지?'라는 생각이 머릿속에 깊게 박혔다.

그러자 생산량을 늘려 수익을 높이겠다며 준비한 스마트팜도 빛 좋은 개살구가 되는 것은 아닌지 불안함이 엄습했다. 매사가 이렇다 보니 빠르게 추진하는 경우가 거의 없었다.

하지만 아는 길도 물어가라 했고, 돌다리도 두들겨 보고 건너라고 하지 않았던가. 귀농을 준비하는 사람이라면 '신중'이라는 단어는 아무리 많이 강조해도 지나침이 없다고 말하고 싶다. 요즘 대부분의 농가들은 중간 유통마진을 줄여 농가와 소비자 모두에게 이익이 되는 직거래 방식을 선호하고 있다. 그중 온라인 판매는 가장 효율이 좋은 판매 방식 중 하나다.

다만 내가 5년간 온라인 쇼핑몰을 운영하면서 깨달은 점은 내 상품을 선택받게 만드는 일이 결코 쉬운 것은 아니라는 것이다. 이제 막 시작하는 초보 판매자가 이미 후기가 1,000개, 1만 개 이상 쌓인 기존 농가들의 틈에서 경쟁해야 되는 치열한 곳이 온라인 쇼핑몰의 세상이다. 이럴 때 필요한 것은 무엇일까? 바로 '우리 농가만의 특별함'이다.

그런데 그 특별함을 어떻게 보여줄 것인가? 온라인 쇼핑몰에서 보여줄 수 있는 것은 상세페이지뿐인데 말이다. 이게 얼마나 좋은 쌀이고 맛있는 과일인지 보여주고 싶은데 상세페이지에 표현하기에는 한계가 있다. 어디 상세페이지뿐이겠는가? 플랫폼마다 광고도 해야 되고 마케팅도 해야 된다. 홍보거리가 산처럼 쌓여 있으니, 어디서부터 손을 대야 할지 막막하기만 하다.

그런데 좌절만 하고 있을 때가 아니다. 새로운 온라인 직거래 장터인 '라이브커머스' 시대가 열렸기 때문이다. 라이브커머스를 통해 우리의 상품이 얼마나 좋은지 직접 눈으로 보여줄 수 있는 시대가 됐다. 농부가 라이브커머스를 적극적으로 도입해야 하는가에 대한 이유를 2가지로 꼽으라고 한다면, 첫째는 농부가 생산자이자 판매자라는 것이고, 둘째는 라이브커머스가 높은 구매 전환율을 보인다는 것이다. 생산과 판매를 모두 할 수 있는 농부가 라이브커머스를 통해 농산물을 보다 수월하게 판매할 수 있게 된 것이다.

지속가능한 농업을 구현하기 위해선 우리부터 농업에 대한 인식의 변화가 일어나야 한다.

올해 농사 잘 짓는 것도 좋지만
올해 돈을 많이 벌었다라고 말할 수 있기를

물건을 판매하는 것은 상품이 아닌 나의 브랜드를 판매한다는 뜻과 같다. 온라인 판매로 높은 매출을 보이는 농가를 예로 들어보자. 그 농장은 상품의 우수성과 더불어 농장만의 스토리와 브랜드를 판매하고 있다. 나만의 스토리와 진정성을 보여주는 것은 생산자만의 특권이다.

게다가 지금 시대에는 텍스트와 이미지 기반의 플랫폼보다 실시간 동영상 기반의 플랫폼에서 더 큰 판매 효과를 거둘 수 있다. 1% 미만인 온라인 쇼핑몰 구매 전환율에 비해 라이브커머스의 구매 전환율이 5배 이상 높다는 것은 이를 증명하기에 충분하다.

나는 이에 중점을 두고 라이브커머스에 대한 교육과 실전을 병행하며 노하우를 익혀갔다. 그런데 라이브커머스를 하는 데에 있어서 가장 중요한 것은 이론도 아니었고 판매 기술도 아니었다. 라이브커머스의 성패는 오직 꾸준함과 도전이었다.

농사도 마찬가지 아니던가. 아는 것보다 행하는 것이 중요하고, 뿌린 대로 거둔다는 이치를 가장 잘 보여주는 곳이 농촌이다. "올해 농사 잘 지었다"도 좋지만 "올해 많이 벌었다!"를 말할 수 있게 이 책이 단 1%라도 도움이 되었으면 하는 마음이다. 이것이 대한민국 청년 농업인인 나의 바람이다.

귀농
필승 전략

· · ·

① 슬기로운 귀농 준비

    도시에서 직장 생활을 한 이들은 다큐멘터리나
주변의 이야기를 통해 한번쯤 귀농이나 귀촌을 생각한다. 자연스레 각
박한 도시 생활을 정리하고 한적한 시골에서 유유자적하게 전원생활을
즐기는 모습도 그려본다. 하지만 프롤로그에서 밝혔듯이 귀농과 귀촌을
선택한다는 것은 매우 복잡하고 힘든 결정이다. 농촌이 장밋빛 인생을
선사하지만은 않기 때문이다

    여기서 귀농歸農과 귀촌歸村의 차이를 알아보는 것이 먼저일 것 같다.
귀농은 농어촌 외의 도시지역에서 1년 이상 거주하던 사람이 농업인이
되기 위해 농촌지역으로 이주하는 것을 말한다. 귀촌歸村은 귀농보다 범
위가 넓은 개념으로 농촌에서 생활하는 것을 뜻하는데, 농촌지역으로
이주는 했지만 농업 이외의 직업이 주업인 생활을 의미한다. 이 책에선
귀촌보다 귀농을 중심으로 이야기하겠다.

사람들이 어떤 계기로 귀농이나 귀촌을 선택하는지, 그리고 귀농과 귀촌에 대한 전반적인 이해가 필요하다면 '귀농귀촌종합센터'를 참고해 보도록 하자. '귀농귀촌종합센터'는 귀농과 귀촌 교육을 비롯해 지역별 귀농 우수 사례 그리고 각종 지원 정책 등을 제공한다.

특히 이곳에서 제공하는 '성공적인 귀농을 위한 7단계'는 귀농을 준비하는 사람이라면 반드시 확인해야 할 가이드라인이다. 따라서 귀농을 염두에 두고 있다면 자신의 상황과 비교해가며 귀농 진행 단계를 점검해보길 추천한다. 귀농을 위한 7단계는 아래와 같다.

○○○　　　　　　　　　　　　　　　　　　　　　　　↓ :

- Step 1　귀농 정보를 수집한다.
- Step 2　가족들과 충분하게 의논한다.
- Step 3　어떤 작물을 재배할지 고려한다.
- Step 4　영농 기술을 습득한다.
- Step 5　어디에 정착할지 고려한다.
- Step 6　주택과 농지를 확인한다.
- Step 7　영농 계획을 수립한다.

**귀농 준비 기간은
어느 정도가 적당할까?**

많은 사람들이 귀농을 준비하는 데에 얼마의 시간이 필요한지 물어오곤 한다. 과연 귀농 준비 기간은 어느 정도가 적당할까? 귀농 준비 기간이 정해진 것은 아니지만 앞에서 언급한 7단계의 모든 과정을 빠짐없이 준비할 경우 적어도 2년 또는 3년 이상은 소요된다는 것이 내 개인적인 생각이다.

2019년 농촌진흥청이 전국 농촌 지역에 거주하는 귀농인과 귀촌인 1,039명을 대상으로 실시한 '귀농·귀촌인 정착 실태 장기추적조사' 자료에 따르면 최근 귀농인과 귀촌인일수록 준비 기간이 길고, 많은 교육을 이수했다는 것을 알 수 있다. 이는 준비 기간이 길수록 영농 정착률도 높다는 점을 시사하고 있다.

나의 경우 귀농을 다짐하고 귀농을 하기까지 걸린 시간이 약 7년이었다. 그동안 직간접적으로 농촌 경험을 해왔다고 생각했지만 농업은 여전히 배우고 알아야 할 것들로 가득했기에 예상보다 오랜 시간이 소요됐다.

누군가는 철저히 준비한 뒤 귀농하겠다는 말을 하고, 누군가는 빠르게 결정한 뒤 몸으로 부딪쳐가며 적응하겠다는 사람도 있다. 다시 말하지만 귀농을 준비하는 기간에는 정답이 없다. 단, 귀농을 준비하는 사람이 반드시 염두에 둬야 할 1가지는 현재 자신의 상황과 여건을 고려해 신중하게 선택하라는 것이다.

**귀농을 준비하기 전
꼭 해야 하는 체크리스트**

나의 경우를 빗대어 말하자면 처음 귀농을 다짐했을 때, 귀농 준비를 위해 지자체와 상담했을 때, 예비 귀농인들과 대화를 나눴을 때, 농업인이 된 후의 단계를 거치면서 농촌과 농업에 대한 시선이 더 현실적으로 변했다.

이러한 과정을 거치는 동안 내 주관적인 관점에서 만든 귀농 체크리스트가 있다. 절대적인 기준은 아니지만 귀농을 준비하고, 지자체와 상담하며 느꼈던 부분들과 귀농인들과의 대화와 농업인이 된 후 느꼈던 부분들을 토대로 정리한 것이니 여러분의 현재 상황과 빗대어 생각하면 좋겠다.

○○○	귀농 체크리스트	↓ ⋮
1	귀농 지역에 기반이 있다(연고, 농지 등).	네☐ 아니오☐
2	농업대학 또는 관련 학과를 전공했다.	네☐ 아니오☐
3	자본금이 최소 3억 이상이다.	네☐ 아니오☐
4	귀농 지역의 땅값을 알고 있다.	네☐ 아니오☐
5	농사를 지을 땅과 집을 올해 안에 구할 수 있다.	네☐ 아니오☐
6	귀농 첫해에 농사를 못 지어도 먹고 살 수 있다.	네☐ 아니오☐
7	귀농 다음해에 농사가 망해도 먹고 살 수 있다.	네☐ 아니오☐
8	유통 판로가 있다.	네☐ 아니오☐
9	스마트팜 설치비용을 알고 있다.	네☐ 아니오☐
10	다시 도시로 돌아가도 괜찮다.	네☐ 아니오☐
11	귀농 담당자와 면담을 해봤다.	네☐ 아니오☐
12	귀농 지역에서 한 달 살이, 귀농 하우스 입주 및 귀농·귀촌 프로그램에 참여했다.	네☐ 아니오☐
13	나는 농촌을 사랑한다.	네☐ 아니오☐

농사도 창업의 일종,
모든 것은 본인 책임이다

만약 농사를 단순히 씨를 뿌리고 수확하는 것으로만 생각했다면 내가 겪은 이야기를 들어보기 바란다. 지자체에서 귀농 상담을 진행했던 때였다. 귀농 담당자는 상담 도중 "농사도 사업이다"라는 말을 꼭 기억하라고 당부했다. 이 말은 농사도 일종의 창업이라는 뜻인데 기관에서 지역과 작물 선정, 영농 기술 습득, 생산 및 가공, 유통과 판매 등의 과정을 교육을 통해 알려주고 있지만 모든 결정은 본인의 책임이라는 의미였다. 담당자는 시내에서 음식점을 하더라도 자본력에 따라 10평 매장을 운영할 수 있고, 30평 매장을 운영할 수 있듯이 농사 역시 자본력에 따라 그 규모와 수익이 달라질 수 있다는 말을 덧붙였는데 농사가 의지와 노력도 중요하지만 현실적인 부분을 절대 간과해서는 안 된다는 매우 따끔한 조언이었다.

막상 농촌에 들어와 보니 홀연 단신 농업에 도전한 사람도 있었지만 반대로 연고가 있거나 부모의 기반으로 시작하는 경우도 많았다. 특히 20대의 젊은 청년들 중에는 한국농수산대학교에 재학 중이거나 또는 농업 관련 학과를 전공한 경우도 쉽게 볼 수 있었는데, 학창 시절부터 농업에 꿈을 펼치겠다는 진로를 결정하고 농업 분야의 전문가들에게 선진 영농 기술을 배우고 있었던 것이다. 부모의 노하우와 자녀들의 전문 지식이 합쳐져 더 큰 시너지를 내는 농가들을 볼 때면 내심 부러울 때가 있다.

시골 땅값의
고공 행진

1가지 더 중요한 문제는 지금 농촌의 땅값이 예전 부모 세대와는 천지차이라는 점이다. 지역마다 다르지만 '답畓'의 지가地價가 15만 원 이상이고, '전田'의 지가가 30만 원 이상인 경우가 다반사다. 전원주택 단지로 조성되어 있는 곳은 평당 100만 원인 곳도 심심치 않게 볼 수 있다.

앞으로의 농업이 관행농업에서 시스템 기반의 첨단 농업으로 전환되어가고 있는 추세라고는 하지만 솟구치는 땅값과 원자재 가격 등으로 진입장벽이 더욱 높아지고 있는 것이 사실이다. 작년 기준 5억 원이던 1,000평의 스마트팜 구축 비용이 올해는 7억 원으로 올랐다고 하니 아무나 농사짓는 시대가 아니라는 게 틀린 말도 아니다. 비록 정부에서 여러 가지 정책을 통해 지원하는 측면도 있지만 우리가 꼭 알아야 할 것이 있다.

'세상에 공짜는 없다는 것.'

농사를 전원생활을 하면서 소일거리로 생각한다면 모르겠지만 농사를 '업'으로 삼고 이를 통해 생계를 꾸려 나갈 계획이라면 반드시 수익을 생각해야 한다. 다시 말하지만 농사는 길거리에서 흔히 보는 음식점과 같은 창업이 아니다.

이런 이야기를 한다고 귀농을 만류한다는 쪽으로 해석하지 않기를 바란다. 나는 농업이 '빛 좋은 개살구'가 되지 않길 바라는 마음이 절실하다. 귀농에 실패해 다시 역귀농한 사람들이 말하는 농촌에 대한 쓴소리보다 귀농에 성공한 사람들의 이야기가 많아지길 희망할 뿐이다. 시간을 충분히 갖고 지속 가능한 농업을 위해 나를 객관화하고 '귀농귀촌종합센터'에서 말하는 가이드라인에 맞춰 나를 점검해보는 시간을 지속적으로 갖길 바란다.

그리고 무엇보다 농업을 단순히 사업 수완으로만 여기면 절대 버틸 수 없다. '농사, 농촌, 농업', 이 모든 것의 기본은 사람이다. 풍경을 보고 들어와서 사람 때문에 나간다는 이야기를 들어봤을 것이다. '나는 농촌을 사랑하는가?'의 조건이 전제되지 않는다면 농업인으로의 성공은 쉽지 않을 것이라 확신한다. 나는 귀농을 꿈꾸는 이들에게 먼저 묻고 싶다.

"귀농을 꿈꾸는 당신, 농촌을 사랑합니까?"

❷   귀농이 안 된다고요?

앞서 언급한 농촌진흥청의 '귀농·귀촌인 정착 실태 장기추적조사' 자료 중 눈여겨볼 만한 부분이 있다. 바로 약 8.6% 에 달하는 역귀농농촌에서 다시 도시로 돌아가는 현상 비율이다.

역귀농의 이유를 살펴보면 영농 실패가 가장 큰 원인이었고, 일자리 문제, 건강, 자녀 교육 등과 같은 현실적인 문제가 그 뒤를 이었다. 지역마다 편차는 있겠지만 역귀농 비율은 최대 30% 이상이 될 것이라는 또 다른 자료를 보면서 귀농은 하는 것도 어렵지만 정착하는 것은 더 어려운 일이란 것을 실감하게 됐다.

처음 귀농을 다짐했을 때의 내 상황은 직업군인의 신분에서 벗어나 사회생활을 막 시작하던 30대 초반이었다. 전역할 당시만 해도 무엇이든 할 수 있을 것 같은 호기로움과 자신감으로 충만했지만 현실은 그 마음가짐으로만 당해내기엔 복잡하고 어려웠다. 새로운 환경과 업무에 적응

하느라 하루는 늘 빠듯했고, 늦은 퇴근과 가정을 이끌어야 한다는 책임
감은 살면서 처음 느껴본 무거움이었다.

이런 상황이 한 해, 두 해 거듭되자 몸과 마음은 지쳐가기 시작했고,
그러던 중 우연히 아내에게 귀농에 대해 언급하게 됐다. 이것이 내가 귀
농을 생각하게 된 시작점이었다.

아내에게는 처가가 있는 곳으로 내려가는 것이 어떻겠냐는 요지로 설
득했다. 돌이켜보면 100% 현실도피적인 발상이었다. 당시 첫째 아이가
이제 막 주변 또래들과 어울리기 시작했고, 곧 학교에 입학할 시기도 가
까워졌기에 아내도 내심 고민이 많았을 텐데 내 결정을 존중해줬다.

예비 귀농인의
치명적인 실수

그렇게 억지스럽게 의견을 조율한 뒤 귀농에 대한 정보를 조사했고,
가장 궁금했던 귀농 정책에 대해 찾아보기 시작했다. 3억 원이라는 귀농
지원금과 7,500만 원의 주택지원자금이 가장 먼저 눈에 들어왔다. 예상
보다 큰 농촌 지원 정책금은 나에게 더 나은 삶을 살 수 있을 것이라는
기대감을 주었다. 그러나 이 상상은 갈수록 조급함으로 돌변했다. 짐작
했겠지만 직장에서의 일은 손에 잡히지 않았고, 늦은 퇴근은 갈수록 못
마땅해졌다.

당시 나는 허황된 꿈에 사로잡힌 예비 귀농인이 되어 돈이 되는 작물
이 무엇인지를 찾아보면서 수익률을 따져보았다. 현장 조사는 해보지도

않은 채 그저 유튜브나 커뮤니티에서 회원들이 말하는 말만 믿으며 재배하기 어려운 작물과 돈이 안 되는 작물들을 걸러냈다. 귀농이 어느새 돈벌이로 전락하고 만 것이다. 급기야 귀농 지역의 전원주택은 시세가 얼마인지 찾아보며 전원생활을 누리는 망상에 빠지기까지 했다. 그렇게 계산적이고 이기적인 생각으로 귀농을 준비하던 중 나는 하나의 사건에 마주했다.

귀농 전 준비 과정에 대한 점검 차원에서 귀농귀촌종합센터에 문의 사항을 남겼다. 현재 사는 곳은 어디이며 어느 지역으로 귀농하려는 예비 귀농인이라고 나를 소개하고 궁금한 사항에 대해 설명을 부탁했다. '예비 귀농인'이라는 표현을 했을 뿐인데 마치 새로운 삶을 시작한 것 같은 착각에 빠졌다. 그리고 '이렇게 하나씩 준비하면 되겠지'라는 생각으로 답변이 오기만을 기다렸다. 이튿날 질문에 대한 답이 돌아왔다. 작물과 영농 기술에 대한 질문의 답이 나오기도 전에 '현재 거주하는 곳은 농촌 지역이므로 귀농 조건에 맞지 않습니다'라는 답변이 먼저 눈에 띄었다.

'귀농이 안 된다고?'

나는 즉시 전화를 걸어 경기도가 왜 농촌이냐며 따지듯이 물었다. 수화기 넘어 돌아오는 답변은 지역과는 상관없이 현재 내 거주지가 행정구역상 농촌지역에 해당되는 곳이며, 귀농은 농어촌 외의 도시 지역에서 1년 이상 거주한 사람에게 해당되는 것이니 확인하라는 것이었다. 당시에 내가 거주하던 곳은 경기도 광주시 오포읍이었다. 읍, 면 지역에서 읍, 면 지역으로 이동하는 것은 귀농이 아니라는 기본적인 사항에 대해서도 모르고 귀농하겠다고 설레발치던 내가 부끄럽고 한심스러웠다.

"여기에서 차 타고 30분만 나가면 서울인데 왜 여기가 시골입니까?"
라며 항변했지만 정말 몰라도 너무 몰랐다. 그렇게 정신을 차리고 나서
야 귀농에 대한 현실감각이 살아났다. 귀농에 대한 조급함이 사라지자
현실에 충실하면서 천천히 준비하자고 스스로를 다독였다.

자연이 허락해야만
진정한 귀농이 가능하다

그때 농촌이 날 선택하지 않았던 것은 오히려 행운이었다. 예상컨대
만약 그때 귀농을 했더라면 지금의 난 역귀농 비율 8.6%의 한 명이 됐을
것이다. 행여나 주변에 귀농하겠다는 사람이라도 보게 된다면 귀농은
절대 하지 말아야 할 것이라며 설득하고 있었을 것이다.

그런 마음가짐으로는 절대 귀농할 수 없다. 귀농하더라도 행복한 귀
농은 불가능하다. 자연은 귀농할 만한 사람인지 아닌지 알아본다. 명심
하자. 귀농은 내가 하는 게 아니라 자연이 허락하는 것이다.

❸ 10년 전 그리고 10년 후의 농촌

    2003년 「MBC 뉴스」에서 '농어촌 인구 10년 전 대비 37% 감소'라는 기사를 내보낸 적이 있었다. 그리고 2020년 통계청에 따르면 농촌을 1년에 인구 7만 명이 사라지는 곳이라고 밝히기도 했다.

    농촌의 인구 감소는 우리나라 농업이 해결해야 할 가장 큰 숙제다. 그런데 1가지 짚고 넘어가야 할 부분이 있다. 인구 감소가 비단 농촌만의

인구 감소 추이		
구분	1960년 인구	2022년 인구
전라북도 정읍	약 25만 명	10만 5,282명
경기도 수원	약 10만 명	118만 9,654명

출처 KOSIS(2022년 10월 기준)

문제는 아니라는 것이다. UN 인구통계에 따르면 합계출산율 0.81명인 우리나라의 출산율은 198개국 중 가장 낮은 순위를 차지하고 있는 것으로 밝혀졌다.

인구가 줄어드니 당연히 학생 수도 줄고, 군인 수도 줄고, 일할 사람도 줄어들었다. 단지 농촌이 도시와 비교해 인구 감소 폭이 더 클 뿐이지 도시와 농촌 모두 인구 감소에 시름을 앓고 있는 중이다. 내가 수능을 치르던 2001년만 해도 86만 명이 넘었던 수능 응시생이 2021년엔 약 49만 명으로 줄어들었다. 우리 아이가 수능을 치르게 될 10년 후에는 어떻게 될지 벌써부터 걱정이다.

10년 후 마을회관에서
함께 이야기를 나눌 동료가 있기를

아름드리나무가 지키고 있던 마을회관은 우리 마을의 이야기꾼들이 한데 모인 곳이었다. 마을회관 앞은 항상 어르신 보행기들이 줄지어 서 있었고, 여름엔 시원한 수박 한 덩어리로, 겨울엔 따뜻한 국수 한 그릇으로 삶의 이야기들이 오고 갔다.

당시 새신랑이었던 나는 어르신들의 관심 대상 1호였다. 마을회관에 앉아 약주를 따라드리고, 심부름을 하며 어르신들 옆에서 이런저런 이야기를 듣는 게 좋았지만 코로나 이후 마을회관이 폐쇄되면서 그때의 기억은 이제 추억이 됐다. 어르신들의 보행기를 기다리는 공간이 사라지자 추억도 점점 쓸쓸해졌다. 이제 위드 코로나 시대를 맞이했으니 마을

마을회관을 꼿꼿이 지키는 아름드리나무가 있으니, 10년 후의 걱정이 조금은 사라진다.

회관도 다시 예전과 같은 분위기로 바뀔 것이라 기대한다.

　10년 전이나 지금이나 마을의 배경은 달라지지 않았다. 그때도 울창했던 나무는 지금도 울창한 모습으로 마을을 지키고 있고, 사계절 다른 색을 입던 논밭은 여전히 때가 되면 옷을 갈아입는다. 단지 달라진 게 있다면 10년 전 60대이셨던 분들이 이제 70대가 되셨고, 10년 전 70대이신 분들이 이제 80대가 되셨다는 것뿐이다. 앞으로 10년 후면 난 50대가 된다. 10년 전에도 내가 가장 젊었는데 지금도 가장 젊다. 10년 후는 어떻게 될까? 아무것도 예측할 수 없지만 부모님의 시간은 빠르다는 것만은 확실하다.

　현재 우리나라는 '청년농업인' 육성 사업에 박차를 가하며 젊은 농촌을 만들기 위해 필사적인 노력을 하고 있다. 하지만 청년농업인들을 위한 다양한 지원 정책과 각종 교육프로그램 등의 노력에도 불구하고 불타오르는 부동산 시장에 애타는 귀농인들만 늘어나고, 6차 산업이라는 농업 트렌드를 쫓아가기 위해 항상 숨 가쁘게 움직인다.

아무리 정책이 발전된 방향으로 나아가도 농촌에서 먹고사는 일이 해결되지 않는다면 그 어떤 정책도 소용없다고 생각한다. 바늘구멍을 뚫고서라도 합격하겠다며 구름떼처럼 모여들었던 공무원 시험은 43년 만에 최저 경쟁률이라는 불명예를 낳았고, 대기업 역시 더 이상 꿈의 직장이 아니었다. 일, 경제력 그리고 삶을 모두 쟁취하고 싶어하는 요즘 세대들이 농촌에 올 확률은 몇 퍼센트나 될까?

살기 좋은 농촌을 만드는 것은, 지금 세대의 농업인들이 지녀야 할 사명감이다. 10년 후엔 마을회관에서 함께 이야기를 나눌 수 있는 동료들이 많아지길 소망한다.

④ 농사는 사업이다

30대 초반, 야심찼던 귀농 계획이 수포로 돌아
간 뒤에야 난 귀농에 대한 조급함을 덜어버릴 수 있었다. 조급함은 욕망
의 틈새를 벌려놓았고, 그 사이를 허황된 생각과 환상으로 가득 채웠다.
나는 나무가 나이테를 그리듯 여유를 가지고 준비하기로 했다. 과연 내
가 귀농할 자격은 되는지, 자연은 나를 허락할 것인지 알고 싶었다.

우리나라 농업에 대해 이해하기 위해 책과 인터넷에서 자료를 수집하
고, 귀농 커뮤니티에 가입해 정보를 주고받았다. 그런데 사람 마음이란
게 농업의 가치와 비전에 대한 이야기가 나오면 심장이 쿵쾅거리다가도
농업에 대한 부정적인 얘기만 나오면 다시 고민에 빠지곤 했다. 여전히
마음의 준비가 되지 않았다.

특히 한 가정의 가장으로서 농촌에서 먹고살 수 있는지에 대한 문제
는 절대 빼놓을 수 없었다. 통계청이 발표한 '2021년 농가경제조사 결과'

에 따르면 농촌의 평균 소득은 4,776만 원에 이른다. 이를 월 단위로 환산하면 약 400만 원으로 우리나라 월평균 가구소득인 510만 원에는 못 미치지만 농촌에서 생활하기에는 나쁘지 않게 느껴졌다.

하지만 통계 결과를 맹신할 수만은 없다. 어떤 집단이든지 양극화의 분포에 따른 격차가 발생되기 때문이다. 농가 소득 역시 마찬가지다. 농촌의 평균 소득에 1인 농가의 소득을 포함시켰을 경우 농촌 평균 소득은 앞선 결과보다 약 800만 원 이상 하락하는 것으로 밝혀졌다. 결코 무시할 수 없는 수치다. 게다가 농사 1년 차에는 800만 원이 하락한 평균 소득마저도 불가능에 가까울 수 있다는 것 역시 무시할 수 없다.

귀농 지원금만 믿는다면
빚 갚다가 지칠 수도

농사가 호락호락하지 않다는 것은 누구나 알고 있는 사실이다. 치솟는 인건비, 그럼에도 인력난을 호소하는 농촌. 농사를 짓는 것보다 오히려 다른 농장에서 일하는 게 금전적으로도 안정적이라는 말이 나온다. 편의점에서 일하는 아르바이트생이 편의점 사장보다 돈을 더 많이 번다는 현상이 농촌에서도 들려오지 않을까 내심 걱정이다.

통계자료도 중요하지만 수치적인 데이터로만 농업을 이해한다는 것은 불가능한 일이다. 그래서 이번엔 지역 농업기술센터를 방문하기로 했다. 간단한 인적 사항을 남기는 사이에 담당자 한 분이 오셨다.

"귀농하시려고요?"

"네."

작물과 귀농 정책들에 대해 묻자 인터넷에서도 쉽게 찾을 수 있는 답변이 돌아왔다. 질문이 평범하니 답변도 평범했다. 겉도는 듯한 이야기가 지속되자 담당자는 내가 남긴 인적 사항을 보며 말을 이어 나갔다.

"적은 나이는 아니네요. 자본금은 많이 있어요?"

"아니요."

담당자는 자신의 이야기를 잘 들어보라며 이야기를 시작했다. 그 말에 나는 자세를 바로 고쳤다.

"제 이야기 잘 들어보세요. 농사도 사업입니다. 농사지어서 돈 버는 게 쉬운 일이 아니에요. 지금 귀농 정책 자금 3억 원만 믿고 오는 사람들이 있는데 요새 이 돈으로 땅 사는 것도 버거워요. 돈이 적으니 논농사는 불가능하고, 차선책으로 시설 농사를 해야겠다는 생각으로 귀농하려고들 하시는데 5년 후부터 대출금 3,000만 원씩 상환한다고 생각해보세요. 빚 갚다가 지치시는 분들도 많아요."

담당자는 말을 계속 이어 나갔다.

"누구나 귀농할 때는 잘될 경우만 생각하고 오시거든요. 예를 들어 '하우스 1동을 하면 최소 2,000만 원은 남겠지'라면서요. 물론 잘되는 경우도 있죠. 하지만 최선도 좋으나 차선 그리고 최악의 경우도 꼭 생각하셔야 해요. 다시 말하지만 농사도 사업이에요."

짧은 시간이었지만 현실적인 이야기가 가슴을 울렸다. 농사는 '이상'이 아닌 '현실'이란 것을 정확히 깨달았다. 집으로 가는 내내 농사 기술도 없고, 가진 것도 없는 나에게 농촌은 과연 있어도 되는 곳이 맞는지 스스로에게 되물었다.

바람에 흩날리는 나무, 도로 옆으로 넓게 펼쳐진 평야, 드문드문 자리 잡은 집들이 보인다. 마치 내게 이런 말을 하는 것만 같다.

"그래도 올래?"

⑤ 답은 현장에 있다

내가 농사에 관심이 있는 것을 어떻게 알았는지 유튜브는 주기적으로 농사 관련 콘텐츠를 제공했다. 농부들의 성공 사례를 보여주는 프로그램에서는 농부들의 마인드와 성공 비결들을 배울 수 있었고, 농업의 미래를 보여주는 다큐멘터리에서는 농업의 가치와 비전 그리고 세계 곳곳의 선진 농업을 보면서 나의 시야를 넓힐 수 있었다.

그러던 중 나와 비슷한 연배로 보이는 한 농부의 영상을 보게 됐다. 당시 그는 대기업 연구원으로 근무하다 농업에 뛰어들었고 딸기 농사를 준비한다고 했다. 농업을 시작하게 된 배경과 딸기 재배 시설을 구축하는 과정 그리고 농업을 준비하는 사람들이 알아야 할 정보들을 소개하는 그를 보며 배울 점이 많다고 생각했던 난 그에게 한 통의 메일을 보냈다. 농업을 준비하는 사람이라는 소개와 함께 농업에 대한 조언을 듣고 싶다는 내용이었다. 얼마 후 그와 통화를 하게 됐고, 농사를 창업으로 도전하라던 그의 말은 내가 농업인으로서 도전을 두려워하지 않게 만드는 힘이 됐다.

당시 딸기 농사를 준비하는 농업인으로만 생각했던 그는 현재 딸기 스마트팜을 운영하면서 우리나라 상위 0.1%의 품질을 자랑하는 딸기를 생산함과 동시에 예비 농업인들이 앞다투어 찾는 영농창업가가 되었다. 그가 강조하던 "농사도 창업이다"라는 말을 그대로 실현하고 있었던 것이다. 그는 바로 '포천딸기힐링팜'의 안해성 대표다.

같은 길도 누군가에겐 가능성이 보이고, 누군가에겐 한계로 보일 수 있다

책과 영상으로 농업에 대한 기본적인 이해가 쌓이자 이제 영농 활동 중인 분들을 만나야겠다는 생각을 하게 됐다. 계획이 명확하면 행동은 자연스레 따라오는 법이다. 지역 농업기술센터를 통해 귀농과 귀촌 멘토로 선정된 분들을 만나기 시작했다. 양봉, 인삼, 고구마, 복숭아, 작두콩 등을 재배하는 분들을 가리지 않고 만나러 다녔고, 각 분야 전문가들의 말씀은 지금의 내가 농업인으로 자리매김할 수 있게 만들어준 자양분과도 같다.

만약 귀농을 준비하고 있다면 우선 전문가들을 직접 만나보고 그들의 이야기를 들어보라고 권하고 싶다. 귀농을 준비하면서 자신이 정한 작물에만 집중하는 것도 빠듯할 수 있다. 하지만 세상은 모두 연결되어 있음을 알았으면 좋겠다. 농업 전문가들은 20년 혹은 30년 동안 농사만 지으신 게 아니다. 그 세월에 녹아 있는 경험과 지혜, 보이지 않는 정보들을 절대 간과해서는 안 된다.

회사를 다녀본 경험이 있는 사람이라면 느낄 것이다. 부하직원이 작성한 20페이지 문서보다 상사의 전화 한 통화가 오히려 더 힘이 세다는 것을 말이다. 문제 해결의 시작은 모두 사람에서 출발한다.

또 작물의 성격은 각각 다르지만 전문가들이 느끼는 농업의 가능성과 문제점들은 별반 다르지 않았다. 그분들을 만나면서 나는 이렇게 생각했다.

'결국 마음먹기에 달렸구나.'

같은 것을 보더라도 누군가에겐 가능성으로 보이지만 누군가에겐 한계로 보이는 곳이 바로 농촌임을 깨달았다. 농업은 배울 것도 많고 알아야 할 것도 많았기에 그 이후 나는 지역에서 실시하는 농업 교육과 농업교육포털 내에서의 여러 교육을 이수했다. 다행히 아는 만큼 세상은 달리 보이기 시작했다.

**농사꾼이 아니라
농업인으로 성장하고 싶다는 바람이 생기다**

나는 농촌이 기후 및 환경문제 등의 외부적인 요인과 인구 감소, 물

나는 농사꾼이 아니라 농업인으로 성장하고 싶다.

가 상승 등의 내부적인 요인으로 몸살을 앓고 있다는 사실을 알게 됐다. 그리고 이를 극복하기 위해 나라와 지자체에서 많은 노력을 기울이고 있다는 것을 알게 되면서 농촌과 농업에 대한 관심을 넘어 관여하고 싶다는 마음이 일렁이기 시작했다.

'무엇을 키워서 돈을 벌까?'라던 원초적인 생각에서 출발했던 내가 농사꾼에서 농업인으로 성장하겠다는 생각의 지평을 넓히기 시작한 것이다. 그러자 농사가 사업이라는 말, 농사를 창업으로 접근해야 한다는 말의 뜻이 서서히 이해가 됐다. 배움은 한곳으로 모이기 시작했고, 그제야 내가 있어야 할 곳이 여기임을 확신하게 됐다.

⑥ 귀농 준비 전략

우리나라 사람들이 귀농을 결심하는 가장 주된 이유는 2가지다. 하나는 '농촌의 자연환경이 좋아서'이고, 다른 하나는 '농업의 비전과 발전 가능성' 때문이다. 이유야 어떻든 각 지자체에서는 귀농인들의 안정적인 정착을 위해 기초 영농 기술 교육, 귀농인 현장실습 교육, 농촌 생활에 필요한 실용 교육 등을 끊임없이 제공하고 있다. 그런데 이런 최소한의 교육도 듣지 않고 무작정 귀농하는 사람들이 있다. 문제는 여기에서 출발한다.

귀농 교육을 받는 데는 2가지 목적이 있다. 하나는 영농 활동을 위한 지식을 쌓는 것이고, 또 하나는 인적 네트워크를 형성하는 것이다. 40년째 마을을 지키며 농사를 짓고 계신 장인어른께서는 바쁜 일정 속에서도 교육 참석에는 적극적이시다. 교육도 교육이지만 사람을 만나야 농업인에게 필요한 정보를 얻을 수 있다는 이유에서다.

영농 교육은 주로 지역 농업기술센터에서 주관하고 실시된다. 따라서 교육에 참여하면 자연스레 농업기술센터에서 근무하시는 분들과 소통할 기회가 많아진다. 소소한 대화가 오가는 중에 자신이 재배하는 작물에 대한 조언도 구하고, 자신과 관련된 지원사업들의 정보를 얻고, 필요하다면 다른 기관 부서와의 연결도 이어지게 된다. 나는 얼마 전 시에서 실시했던 드론 교육을 늦게 신청하는 바람에 자격증 취득이 불가능한 상황에 처해 있었다. 드론으로 방제를 해야 했던 나로서는 꼭 필요한 교육이었기에 농업기술센터에 찾아가 방법을 구했다. 다행히 담당 부서에서 인근 지역의 드론 교육을 받을 수 있게 해줬고, 그로 인해 시기적절하게 드론 자격증 과정에 참여할 수 있었다. 영농 활동에 필요한 정보는 농업기술센터에서 시작된다는 것을 간과해서는 안 된다.

교육이 우선이다,
그 안에서 기술과 인맥을 만들 수 있다

내게 귀농에 대한 조언을 아낌없이 쏟아주셨던 양봉 농장의 선생님께서 항상 강조하시던 말이 있다.

"농업기술센터는 최대한 자주 가라."

가끔 안부 인사차 전화를 드리면 여전히 이 말을 빼놓지 않고 하신다. 영농 교육장에서 만난 사람들 틈에서 나오는 이야기일수록 농촌 생활과 밀접할 가능성이 높다. 이번에 나락 값은 어떻게 될지, 조합장은 누가 될지, 옆 동네 양 씨 아저씨가 땅을 내놨다는 등 교육 시간에는 들을 수 없는 '날것'의 이야기를 이때 들을 수 있다.

특히 땅에 대한 이야기는 그 값어치가 매우 높다. 아무리 영농 기술이 뛰어나도 작물을 재배할 땅이 있어야 농업인이다. 그런데 땅은 어떻게 해야 가장 빨리 구할 수 있을까? 공교롭게도 땅은 농업기술센터에서 해결해주지 못한다. 땅은 온전히 개인의 역량에 달려 있다. 가끔 동네 어르신들이나 이장님을 통해 정보를 얻는 것이 빠르다고 하지만 매일 물어볼 수도 없는 노릇이니 현실적으로는 쉽지 않다. 그런데 내가 만약 양 씨 아저씨가 땅을 내놨다는 이야기를 들었던 귀농인이라면 어떨까? 이 이야기를 듣지 않은 귀농인과는 출발 시점이 다를 수밖에 없다.

'함께' 어울리기 위해선
시간이 필요하다

귀농을 준비하는 사람들이 가장 염려하는 것 중 하나가 '텃세'다. 텃세는 왜 생기는 것일까? 혼자 살아도 상관없는 곳이라면 텃세는 나와 상관없는 이야기다. 한 층에 네 집이 살던 아파트에 거주할 때를 떠올려보면 이사 와서 이사를 가는 날까지 어느 한 집과도 교류한 적이 없었다. 옆집을 몰라 불편할 것도, 아쉬울 것도 없었다. 당연히 텃세 따위는 존재할 수도, 존재할 이유도 없었다.

하지만 농촌의 경우는 다르다. 대문 밖에 나가 몇 걸음만 걸어도 이웃집 할머니께서 마당에 앉아 고추를 다듬는 모습을 볼 수 있고, 농사가 시작되면 서로 품앗이도 해야 하는 곳이 농촌이다. 이처럼 '함께'라는 단어가 어울리는 곳이 농촌이다.

하지만 새로운 사람이 들어온다고 환영부터 하는 곳이 어디 있을까? 반가운 마음은 크지만 낯설기는 원주민이나 귀농인이나 마찬가지다. 학창 시절 새로운 친구가 전학 왔을 때를 떠올려보자. 위아래 훑어보는 게 사람 심리다. 혹자는 농촌 인심이 예전과 같지 않다는 말을 한다. 하지만 첫눈에 반한 사이라도 사계절은 만나봐야 서로에 대해 알 수 있는 것이 인지상정이다. '함께'라는 단어가 익숙해지기 위해 충분한 시간이 필요한 것은 당연한 일이다.

이러한 시행착오를 줄이기 위해서라면 귀농할 지역에서 살아보는 것도 좋은 방법이다. 지금은 각 지자체마다 '귀농 하우스' 입주와 '농촌에서 살아보기'와 같은 프로그램들이 활성화되어 있다. 나는 귀농을 준비하는 사람들에게 꼭 한 달이라도 귀농을 고려하는 지역에서 살아볼 것을 권장한다.

적어도 나를 지지해줄
지원군 한 명을 만들어라

여기서 내가 덧붙여서 추천하고 싶은 것은 귀농할 지역의 농장에서 일해보는 것이다. 농촌을 알기 위한 방법으로 이만한 것도 없다. 돈도 벌고 일도 배우고, 농장주와 이야기하면서 지식도 쌓고 정보도 얻는 일석

사조의 효과다. 이론적인 것도 좋지만 현장에서 보고 느끼는 것만큼 도움이 큰 것은 없다. 무엇보다 성실하게 일하는 모습에 평판은 저절로 좋아질 것이다.

연고가 없어서 귀농하기 힘들다는 사람들이 있다. 그런데 연고가 별 것인가? 나를 지지해주는 든든한 지원군 한 명만 있다면 그게 연고다. 귀농 후 안정적인 생활을 유지하기 위해서는 영농 기술도 중요하지만 우선 자신이 터를 가꿀 곳에서 자신을 외롭지 않게 만드는 것이 우선이다. 그것이 농업인으로 살아갈 힘을 마련해준다. 그 힘의 중심에는 사람이 있다. 찢어지면 꿰매고, 깨지면 다시 붙이고, 부딪혀가며 배우고 부대끼며 사는 곳이 농촌이다.

귀농 후 안정적 생활을 유지하기 위해선 영농 기술뿐만 아니라 자신을 외롭지 않게 만드는 것이 중요하다. 그것이 농업인으로 살아가는 힘이 되기도 한다. 그리고 그 힘의 중심에는 사람이 있다.

⑦ 워라밸 말고 워라블

지난 5년간 연평균 49만 명 이상의 사람들이 새로운 삶을 위해 귀농이나 귀촌을 선택했다. 이는 현 사회가 사회적, 환경적 이슈와 더불어 귀농, 귀촌에 대한 다양한 지원 정책 그리고 농업의 미래지향적 비전과 가치를 제시한 덕분이다.

귀농을 준비하면서 알게 된 사실이 하나 있다. 농촌으로 발길을 향한 사람들 대부분은 농업인의 꿈을 키움과 동시에 일과 삶에서의 워라밸 work-life balance을 희망하고 있다는 점이다. 나 역시 그중 하나였다.

귀농을 하기 전 나는 10평 남짓한 작은 음식점을 운영했다. 당시 인건비를 아끼기 위함도 있었지만 직원을 구할 수준도 아니었기에 나 홀로 고군분투하는 삶을 자처했다. 아침 10시에 오픈하고 새벽 2시에 퇴근하는 삶이 2년간 지속되자 몸과 마음은 제 기능을 잃어가기 시작했다.

이런 현실 속에서 '워라밸'은 달콤한 꿈과 같았다. 좁은 매장 안에 있다 보면 하루가 어떻게 지나가는지 알 수 없었다. 겨울이 와도 겨울인지 모르고 시계를 보지 않으면 낮인지 밤인지 모를 때도 많았다. 어느 순간 해 뜰 때 일어나 해 질 때 집에 들어가는 보통의 삶이 동경의 대상이 됐다.

귀농 후의 삶은 내가 그리던 보통의 삶과 유사했다. 일상은 자연의 리듬에 맞춰 흘러갔다. 아침에 일어나 농사 준비를 하고 마을회관에서 책을 보고 장날에는 가족들과 함께 시장으로 꽈배기를 먹으러 다녀오기도 했다. 그렇게 완벽한 워라밸을 맞이하나 싶었지만 오래가지는 못했다.

자연은 일하라고 설득하지도 않고, 쉬겠다고 설득당하지도 않는다

파종이라는 신호탄에 농번기는 시작됐고, 그때부터 논밭을 쫓아다니기에 바빴다. 모내기 기간 중에도 일손이 부족한 고구마 농장과 복숭아 농장으로 출근을 해야 했다. 농촌의 더위는 도시보다 빨리 찾아온다. 하지만 때를 놓치면 1년 농사를 망칠 수 있기에 때로는 태양을 등지고, 때로는 태양을 마주하며 결실을 맺기 위한 발걸음을 쉬지 않았다.

내가 "주말엔 안 쉬나요?"라고 물으면 이구동성으로 "농사에 주말이 어디 있어?"라는 답변이 돌아오는 곳이 농촌이다. 어쩔 수 없어 쉬어야 한다면 병원에 예약한 날뿐이다. 무릎에 물을 빼러 가야 해서 쉴 수밖에 없다는 아주머니의 말씀에 나는 입을 다물 수밖에 없었다.

농번기에는 주말도 없고 나이도 상관없다. 파종기에는 쉴새없이 일하기 바쁘다.

낮의 바쁨도 자연의 시계가 하루의 끝을 가리키면 하던 일을 마무리하고 모두 집으로 향한다. 몸은 비록 고되지만 가족들과 함께 저녁을 먹는 시간이 주어진다. 내겐 더할 나위 없는 워라밸이다.

하지만 농촌은 늘 변수가 기다리고 있었다. 비라도 오는 날엔 강제휴가였고, 한여름 새벽 4시 기상은 당연한 것이었으며, 오전에 일을 끝마치고 싶어도 나락이 이슬에 젖어 있는 날엔 늦은 오후가 돼서야 비료를 뿌려야 했다. 들쭉날쭉한 일정, 주말도 없이 농사일을 강행해야 할 때는 농촌이란 워라밸과 어울리지 않는 곳이라는 생각이 절로 스며든다.

그런 측면에서 농촌은 '워라밸'보다 '워라블'을 지향하는 것이 옳다. '워라블Work-Life Blending'이란 일과 삶의 균형을 중시하는 '워라밸'과 다르게 일과 삶의 조화를 추구하는 라이프스타일을 뜻한다. 조금 더 설명하자면 일과 삶을 이분법적으로 분리하기보단 일도 내 삶의 일부라는 의미로 받아들이자는 취지다.

농촌에서는 도시 사람들이 추구하는 나인 투 식스9시 출근, 6시 퇴근를 지키기 어렵다. 스마트팜에서 일하면 균형된 삶을 유지할 수 있다는 가능성을 제기할 수 있겠지만 이 역시 자연재해와 장비 등의 문제 등과 같은 다양한 변수에 노출되어 있기 때문에 절대적이지 않다. 나인 투 식스가 가능한 방법은 딱 1가지, 다른 농장에서 노동자로 일하는 것뿐이다. 자연은 언제 일하라고 설득하지도 않고 언제 쉬겠다는 말에 설득당하지도 않는다. 농부는 그저 자연의 이치에 따라야 할 뿐이다. 분리보다는 조화로운 것이 보통의 삶보다 더 자연스럽지 않을까?

8 결국 나로부터 출발이다

　　함께 농업 교육을 받았던 형님께서 이제 농사는 그만 짓고 취업을 하겠다는 말을 꺼내셨다. 농사로 밥벌이하는 것이 녹록치 않다는 이유에서였다. 내가 보기엔 천생 농사꾼이라고 생각했는데 내내 속앓이를 했던 눈치였다. 그래도 마음은 편하다는 말에 내가 할 수 있는 건 고개만 끄덕거리는 것뿐이었다. 씁쓸한 기운이 오랫동안 가시질 않았다.

　　형님의 이야기를 들어보니 처음 귀농했을 때 세웠던 계획에 아쉬움이 많이 남았다고 한다. 귀농인들 대부분이 그러하듯 작은 규모로 시작해서 점차 늘려가려던 셈이었는데 시간이 갈수록 땅값이 오르니 더 늘려가는 게 어려워졌고, 값이 좋고 유행한다는 특용작물을 재배했지만 이마저도 판로에 부딪히니 힘에 부친다는 것이었다. 오히려 처음 시작할 때 규모를 크게 하는 게 나을 뻔했다며 후회된다는 말을 이어갔다.

귀농할 때 하지 말라는 것 중 하나가 '땅부터 사는 것'이다. 농업인들은 농지 구입시 취등록세가 50% 감면되는 혜택이 있다. 하지만 농사가 마음처럼 되지 않아 다른 지역으로 이동을 해야 할 수도 있고, 다시 도시로 떠나야 할 수도 있으니 그때를 대비해 무턱대고 토지부터 매매하는 것은 지양하라는 의미다.

그러나 이것이 꼭 답은 아니다. 같이 귀농한 청년은 귀농을 하자마자 땅부터 매매했다. 그는 우유부단한 성격이라 오히려 이렇게 배수의 진을 쳐놓으니 다른 생각은 안 하고 농업에만 집중할 수 있었다고 말했다. 또한 하루가 다르게 오르는 땅값을 보니 땅부터 사놓은 것이 오히려 잘한 선택이라며 만족한다고 덧붙였다. 결과적으로 '나'를 알고 있었기에 후회하지 않는 판단을 한 것이다.

'나'의 성향과 의식을 알고 난 뒤
귀농 계획을 세워야 한다

사람이란 '나'를 모르면 유행만을 좇게 될 수밖에 없다. 요즘 유행한다는 직업, 요즘 유행한다는 패션을 맹목적으로 따라 가다 보면 어느새 나에게 맞지 않은 일을 하고 있거나 맞지 않는 옷을 입고 있는 나를 발견하게 된다. 물론 최신 트렌드에 맞춰 사는 것이 시대를 앞서가는 일일 수는 있겠지만 무엇보다 자신이 어떤 사람인지 알아차리는 연습이 더 필요한 시대다.

나는 외부 활동을 많이 하는 편이라서, 사람들은 나를 외향적인 사람

매일매일 나는 농촌 일자리에 대한 인식을 어떻게 하면 긍정적으로 바꿀 수 있을까를 고민한다.

으로 판단할 때가 많다. 적어도 겉으로 드러난 모습은 그러하다. 하지만 속을 들여다보면 난 무척 내향적인 사람이다. 내가 MBTI 성격 유형 검사의 결과가 'INFJ'라고 하면 사람들은 "E 아니에요?"라며 반문하곤 한다. 난 'I'다

나를 안다는 것은 어떤 의미일까? 나를 안다는 것은 왜 귀농을 하는가에 대한 물음이고, 귀농 후 삶의 방향을 그려보는 것이다. 유명 노래 가사처럼 저 푸른 초원 위에 그림 같은 집을 짓고 사는 것이 목표라면 그렇게 방향 설정을 하면 된다. 또는 농업에서 추진하는 다양한 정책들을 시도하고 도전하는 게 목표라면 남들보다 더 진취적으로 농업에 접근하면 된다.

자연이 날 허락해준 것에 대한
작은 보답

그런 면에서 나는 후자에 속한다. 남들 앞에 나를 드러내는 것이 익숙한 편은 아니지만 농업에 도움이 되는 것들, 다른 사람들과 함께 공감하고 공유할 수 있는 일들에 대해서는 적극적이다. 일례로 「농민신문사」에서 주관한 '영농생활수기' 공모전에 응모해 입상을 하기도 했고, 전라북도 농어업·농어촌 일자리플러스센터에서 주최한 '농어촌 상상 일자리' 공모전에서는 대상을 받기도 했다.

이러한 활동의 배경에는 농업인의 삶을 살기로 결심한 뒤 힘겨운 상황 속에서도 묵묵히 걸어 나가는 모습을 공유하고 싶은 마음과 기피 대상이 되어가는 농촌 일자리에 대한 인식을 어떻게 하면 바꿀 수 있을까에 대한 고민을 나누고 싶었던 마음이 한데 모아져 우러나온 것이다. 비록 작은 행동들이지만 농업에 대한 나의 마음을 지속적으로 표현했다. 이것이 자연이 날 허락해준 것에 대한 보답이다. 그리고 나는 앞으로도 지속적으로 나의 마음을 표현할 것이다.

생산자가 직접 판매도 할 수 있는
라이브커머스

농업에서는 생산만큼 고민인 것이 바로 '판로'와 '유통'이다. 나 또한 생산자의 입장에서 분명 같은 고민을 하게 될 것이라는 예측을 할 수 있었고, 실제로 대부분의 농가에서는 같은 고민을 하고 있었다. 그때부터 나는 이를 어떻게 극복할 것이며, 농촌에 어떤 도움을 줄 수 있을까에 대해 집중하기 시작했다.

그 결과 누구나 쉽게 접근할 수 있고, 게다가 농업의 가치도 알릴 수 있는 효율적인 유통 채널인 '라이브커머스'를 알게 됐고 이를 심도 있게 연구하기 시작했다. 이 책을 준비하는 동안에도 농업 교육만큼 많은 시간을 라이브커머스 교육과 실습에 할애했다. 시간이 거듭될수록 라이브커머스는 우리 농촌을 위해 만들어진 것이 아닐까라는 생각마저 들었다. 남녀노소 누구나 쉽게 할 수 있고, 농촌의 현장을 무대 삼아 농업을 알리며 내가 생산한 상품을 판매하는 데에 더할 나위 없이 훌륭한 역할을 해내고 있는 것을 목격했기 때문이다.

수년간에 걸친 나에 대한 탐색 그리고 내가 농촌에서 할 수 있는 일은 무엇인지에 대한 고민을 바탕으로 드디어 내가 할 수 있는 일을 발견했다. 우리나라 농촌이 더욱 풍요로워지기 위한 걸음. 이것이 내가 라이브커머스를 하는 이유다.

농촌은 우리의 미래일 수 있다.

본격
라이브커머스

· · ·

① 세상은 변하고 사람은 적응한다

2020년 8월 23일. 정부의 사회적 거리두기 2주 연장 발표에 대한민국이 술렁거렸다. 예상을 뒤엎은 코로나-19의 기세에 전 국민은 당황했고, 특히 개학을 앞둔 학교와 가정은 그 충격의 깊이가 더해 보였다. 교육청은 이에 대한 대안으로 1학기와 동일하게 원격수업을 적용하기로 결정했지만 초등학생 자녀를 둔 우리집은 이 결정에 대한 대책 마련이 시급했다.

난생 처음 해보는 원격 수업으로 1학기를 우왕좌왕 보냈는데 한 번 더 겪어야 한다고 생각하니 갑자기 피로가 몰려왔다. 아이 역시 정상 등교를 기대했지만 온전히 등교할 수 없는 현실에 낙담하긴 마찬가지였고, 등교 수업이 결정된 후에도 더 이상 학교는 매일 갈 수 있는 곳이 아니었다. 그날 저녁 한 초등학생의 뉴스 인터뷰가 나왔다.

"학교에 가고 싶어요."

오죽했으면 우리나라 아이들 입에서 이런 말이 나왔을까. 안타까운 현실임은 틀림없지만 미래지향적 성향의 사람이라면 이러한 상황 속에서도 눈여겨볼 만한 부분을 찾을 수 있을 것이다. 1가지 예로, 당시의 상황을 대변하는 '원격 수업'이라는 키워드의 검색량이 급증했다는 점을 꼽을 수 있다. 원격 수업이라는 단어는 2020년 1월까지만 해도 월간 검색 수가 거의 0에 가까운 수치였다.

그러다 코로나-19 1차 대유행질병관리청보고 시기인 2020년 2월부터 서서히 증가 추세를 보였고, 개학 시기에는 주간 검색량이 3만 회로 증가했다. 그 후 코로나-19 2차 대유행 시점인 8월 23일의 주간 검색량은 98만 4,630회 그러니까 약 100만 회에 이르게 된 것이다. 이런 현상은 비단 학교뿐만은 아니었다. 직장인들의 키워드인 '재택근무' 역시 1차 대유행 시기에서 급등했고, 2차 대유행 시기에 폭발적으로 치솟았다.

위기를 통해
위기를 극복한다

여기 1가지 더 재미있는 사실은 코로나-19 2차 대유행이 지나 3차, 4차, 5차까지 발표됐지만 2차 대유행 시점 이후 그 키워드들의 검색량은 코로나-19 최초 시발점에서 보였던 수치로 돌아왔다는 것이다. 왜 그럴까? 답은 간단하다. 불과 반년 만에 우리는 새로운 삶에 적응했기 때문이다.

지구상에 코로나-19라는 팬데믹이 불시착한 지 불과 3년이 채 지나지 않은 지금 삶의 다양한 부분에서 변화가 일어났고, 동시에 사람들은 각각의 변화된 영역에서 적응하기 시작했다. 아이들과 부모들은 원격 수업에 적응했고 직장인들은 재택근무에 적응했다. 1학기 초반 내내 아이의 출석 체크가 안 된다며 진땀을 빼던 아내는 이제 원격 수업 정도는 식은 죽 먹기라고 한다. 지진이 나더라도 출근은 해야 한다며 충성을 맹세하던 기업들은 이제 업무 효율성을 강조하기 시작했다.

우리가 누구인가? 위기와의 공존 속에서도 살아남은 지혜로운 인류인 '호모사피엔스'의 DNA 결정체 아닌가. 분명 우리는 코로나-19의 종식을 염원하면서도 한편으론 코로나-19라는 위기와 공존해야 할지도 모른다는 것을 본능적으로 깨닫고 무의식적으로 받아들이고 있었는지도 모른다.

그리고 그러한 변화는 매우 속도감 있는 디지털 전환을 기반으로 더욱 현실성을 높였다. 이제 학생들은 학교 수업은 비대면으로 하고, 학원 수업은 대면 수업을 한다. 직장인들은 회사 대신 집으로 출근한 뒤 줌으로 미팅을 하며 필요에 의한 선택적 대면을 한다. 이처럼 위기를 극복하는 방법을 끊임없이 창작하는 동시에 위기를 학습하기도 하고, 그 위기 안에서 진화론적 투쟁을 벌이는 것이 바로 우리다.

혼란과 역경 속에서도
진보하는 인간의 가능성

이렇게 급변한 세상에 정신없다는 반응도 있다. 디지털 격차가 생긴 것이다. 하지만 우리가 착각하지 말아야 할 것은 지금의 변화는 코로나로 인해 새롭게 창조된 것이 아니라 미래에 일어날 일들이 예상보다 조금 앞당겨졌을 뿐이라는 것이다. 다시 말해 위기를 극복하고 필요시 공존하기 위해 기술을 앞당긴 것이다. 주변을 둘러보자. 디지털 선진국 대한민국은 그 선두에서 변화에 최적화된 나라임을 여러 방면에서 입증하고 있다.

잠시 A 씨의 하루를 들여다보자. 아침에 일어나 스마트폰으로 오늘의 스케줄을 체크한 뒤 노트북을 켜고 줌으로 미팅을 한다. 점심 식사는 가까운 음식점에서 QR 코드로 체크인을 한 후 키오스크로 주문해서 먹고, 카페도 마찬가지로 비대면으로 주문한다. 근처에 무인시스템으로 운영되는 상점들이 하나 더 늘어났는지 홍보물을 돌리고 있다. 기분 전환을 위해 백화점에 들어가 맘에 드는 옷을 입어본다.

하지만 실제 구매는 인터넷에서 최저가로 구매한다. 평소 좋아하는 작가의 신간이 나왔다는 소식에 인터넷으로 책을 주문한 뒤 근처 서점에서 픽업했다. 10%나 저렴하다. 집으로 가기 위해 택시 앱을 이용해 택시를 호출했더니 어느새 내 앞에서 대기 중이다. 차려 먹기 귀찮은 저녁은 배달 앱 하나면 충분하다. 결제도 이미 끝난 상태다. 이제 쉬면서 오버 더톱Over The Top, OTT 서비스로 영화를 볼까 고민한다. 한 손엔 리모콘을, 다른 한 손은 스마트폰으로 인터넷을 검색하다 자연스럽게 쇼핑 메뉴로 들어간다.

아날로그와 디지털의 빠른 전환으로 가상과 현실의 경계가 모호해진 우리의 일상은 더 이상 오프라인과 온라인을 분리할 필요가 없는 삶이 됐다. 혼란과 역경 속에서도 진보하는 것이 인간의 가능성이자 우리는 어떠한 세상이 와도 적응할 수 있는 존재임을 증명하고 있다. 그러니 이 거 하나만은 꼭 새겨두자.

'세상은 변하고, 사람은 적응한다.'

② 달라진 세상에서 변하지 않는 것

접촉과 대면의 공포를 불러온 코로나-19에 세상은 그 해결책으로 언택트Untact를 제시했다. 낯설었지만 사람들은 곧 비대면 세상에 순응했고, 기업들은 언택트에 관련된 상품과 서비스를 출시하기 시작했다. 앞서 말한 재택근무와 원격 수업을 비롯해 배달 앱과 홈트레이닝, 캠핑 산업 등 여러 분야에서 큰 성장이 있었다.

이러한 언택트의 삶은 우리에게 거추장스럽고 포화된 삶에서 실용적이고 미니멀한 삶으로 전환하라는 메시지를 보냈다. 많은 행사가 축소 및 취소되고, 불필요한 회의가 사라진 만큼 사람을 만나는 횟수는 적어졌지만 일각에서는 '나'를 중심에 두는 삶을 살게 됐다는 평가도 따라왔다. 생계에 대한 걱정과 사회적인 제약만 없다면 이런 언택트의 삶도 편하다고 느낄 정도였다.

사회적 관계에 대한 갈증으로
언택트에서 다시 온택트로

집단주의 문화에서 벗어나 잠시 자유를 만끽했지만 세상이 달라져도 변하지 않는 것이 있었다. 그것은 바로 관계에 대한 갈망이다. 비대면의 편리함 속에서 사회적 관계에 대한 갈증은 언택트의 삶을 온택트Ontact, 온라인을통한접촉의 삶으로 재정의했다.

그러자 가능 여부에 대해 생각조차 해보지 않았던 일들이 현실로 일어났다. 시장에서 드라이브스루로 물건을 구매하는 일이 그랬고, 뮤지션의 공연을 공연장 대신 집에서 본다는 것이 그랬다. 가격을 흥정하기도 하고 딸기를 사면 귤 서너 개쯤은 봉투에 담아주셨던 시장 아주머니, 좋아하는 가수를 앞에 두고 떼창을 부르는 재미는 잠시 멀어졌지만 어떻게든 관계를 이어 나가려는 간절함을 보여줬다.

온택트의 삶이 현실화되자 그 파급력은 예상을 뛰어넘었다. 직접 관람하는 것이 당연하다고 생각했던 공연은 온라인에서 더 큰 부가가치를 창출한다는 것이 증명됐다. 실제로 75만 6,600여 명이 동시 접속한 방탄소년단의 유료 온라인 공연은 250여 억 원의 공연 수익을 기록했다. 공연장으로는 우리나라 최대 규모인 서울 올림픽주경기장이 최대 10만 명까지 수용 가능하다는 것을 미루어 봤을 때 온택트의 가능성은 상상을 초월할 것이라 판단된다.

소통의 단절을
참을 수 없었던 우리

이렇듯 물리적인 접촉은 참을 수 있지만 소통의 단절은 참을 수 없는 것이 인간의 욕구다. 단절과 연결을 취사선택할 수 있는 능력을 갖추게 된 우리는 그 연결고리에 공감, 신뢰, 위로, 재미, 혁신 등을 접목하기 시작했고, 그 결과 온라인을 통한 소통의 이어짐은 언제 어디서나 유지할 수 있게 됐다. 정리하자면 코로나로 인해 세상이 달라졌어도 변하지 않는 것은 소통의 중요성이라는 것이다.

IT 분야 트렌드 책인 『모바일 미래보고서 2021』에서는 AI, 디바이스, 커머스, 디지털 마케팅, 빅데이터, 금융 등의 6개 분야에서 온택트 트렌드를 집중 조명하고 있다. 그리고 6개의 분야 중에서 커머스를 가장 빠르게 변화하는 분야로 지목했다.

상품 또는 서비스를 판매하는 개념의 '커머스Commerce'에 온택트가 접목되면 무엇이 달라질까? 이미 쇼핑은 이커머스e-commerce의 형태로 우리 생활에 밀접하게 자리잡고 있는데 더 이상 달라질 게 있을까? 그 해답의 키워드는 '소통'에 있다.

코로나-19로 인해 앞당겨진 미래에 살고 있는 지금 비대면과 연결이 교차되는 라이프 스타일에 소통의 힘이 쇼핑에 어떤 영향을 미치게 될까?

다시 한 번 말하지만 새로운 것이 창조되는 것은 아니다. 이미 일어나고 있던 일에 코로나-19라는 계기가 불쏘시개가 되어 추진력을 얻었을 뿐이다. 우리의 역할은 단순하다. 그것을 어떻게 활용할지 알아보고 유용하다는 판단을 내렸다면 적극적으로 활용하면 된다.

⑤ 라이브커머스의 시대가 왔다

필요한 물건이 있으면 스마트폰부터 찾는 게 요즘 현실이다. 쇼핑 앱에서 원하는 상품을 검색하고 적당한 가격의 상품을 고른 다음 상품 정보를 확인하면서 구매를 결정한다. 즉각적인 구매 결정이 어려울 땐 먼저 구매한 사람들의 후기를 보면서 꼼꼼하게 따져보기도 한다. 경험상 상품을 고르고 결제하는 데까지 불과 몇 분이 채 걸리지 않는 경우도 대다수였다.

시간을 거슬러 집전화가 통신수단의 주를 이루던 당시에는 원하는 물건을 사기 위해선 시장이나 마트에 직접 가야만 했다. 그게 당연한 시대였다. 그 뒤 인터넷과 휴대폰이 보급되면서 우리가 전달할 수 있는 메시지의 형태가 음성에서 문자로, 문자에서 영상으로 변해왔다. 그와 동시에 직접 가야만 했던 쇼핑은 앉은자리에서 온라인으로 주문하는 시대로 탈바꿈됐다. 기술이 발전하는 만큼 우리가 누리는 편리함도 함께 커졌다.

우리는 지금 1GB를 10초 안에 내려받는 시대에 살고 있다. 1GB는 약 200곡 이상의 노래와 2,500장의 사진 그리고 유튜브를 1시간에서 많게는 2시간 이상을 재생할 수 있는 데이터다. 이런 놀라운 시대에 살고 있는 우리의 삶은 이미 텍스트 기반에서 영상 기반의 삶으로 넘어선 지 오래다.

라이브커머스는
쇼핑의 영상화에서 출발한다

혹시 필요한 정보를 찾기 위해 유튜브부터 검색해본 적이 있을까? 얼마 전 동영상 촬영 장비를 알아보기 위해 포털 사이트에서 검색하던 중 유튜브에서 리뷰를 해주는 유튜버의 설명에 감탄한 적이 있었다. 텍스트와 사진을 통해 알게 되는 정보보다 유튜버 영상을 통해 상품을 알아가는 것이 훨씬 편하고 피로감도 덜했다. 어느새 구매 욕구마저 생겼다. 유튜브 영상 하단을 보니 구매 링크까지 연결되어 있다.

여기서 문제 하나를 내보겠다. 앞으로의 쇼핑은 어떻게 될까? 우리가 앞으로도 여전히 상품 정보가 담긴 상세페이지를 보면서 '구매하기'를 누르고 있을까? 2006년 구글이 유튜브를 16억 5,000만 달러, 우리 돈으로 약 2조 2,000억 원에 인수한 이유는 무엇일까? 현재 유튜브의 기업가치가 200조 이상인 점을 볼 때 느껴지는 바가 있을 것이다. 직접 시장에 가야만 물건을 살 수 있었던 당연한 시대가 있었듯이 쇼핑이 영상화가 되는 것이 당연한 시대가 왔다. 바로 여기가 라이브커머스의 출발점인 것이다.

라이브커머스의 성장세는
가파르게 치솟는 중

라이브커머스란 라이브 스트리밍Live Streaming과 커머스Commerce의 합성어로 실시간 동영상 스트리밍을 통해 상품을 소개하고 판매하는 온라인 쇼핑을 뜻한다. 처음 라이브커머스를 접할 땐 라이브커머스는 유명 연예인과 SNS 인플루언서 또는 쇼호스트의 영역이라고 생각했다.

하지만 전문 방송인들 사이에 산지 직송이라는 섬네일thumbnail을 걸고 농부들이 직접 화면에 나와 상품을 소개하는 모습을 본 순간 라이브커머스는 누구에게나 열려 있는 시장이라는 것을 직감했다. 시간 가는 줄 모르게 빠져들다 보니 방송 전문가들은 전문가답게 매끄러운 진행을 선보였고, 방송인이 아닌 사람들은 친근함을 어필하며 그 나름대로의 매력을 보여주고 있었다.

간혹 내가 쇼핑을 하려는 건지 아니면 개인 방송을 보고 있는 건지 헷갈릴 때도 있지만 물건을 구매할 때 큰 영향을 미치는 것만은 사실이다. 지금도 나는 틈틈이 라이브 방송을 보면서 시간을 보내기도 한다.

누군가에게는 아직 생소한 라이브커머스가 눈에 띄게 부각된 시점은 코로나-19의 영향으로 비대면 쇼핑 문화가 확산되면서부터다. 부득이하게 언택트 소비가 늘어날 수밖에 없었던 상황에서 온라인 쇼핑은 더 큰 날개를 달 수 있었다. 통계청이 발표한 '2022년 9월 온라인 쇼핑 동향'에 따르면 우리나라 온라인 쇼핑 거래액은 무려 17조 4,553억 원이다. 그리고 이 중 모바일 쇼핑의 거래액은 71%의 비율을 차지하는 12조 8,287억 원에 달한다. 지금 이 시간에도 앉은자리에서 엄청난 금액이 오가는 중이다. 이렇게 거대한 온라인 쇼핑 시장에서 라이브 커머스의 성장세는 가파르게 치솟는 중이다. 2020년 4,000억 원대였던 라이브커머스 시장의 규모를 전문가들은 2023년엔 10조 원대로 예상하고 있다. 엄청난 성장을 예고한 것이다.

일어날 일은 일어난다는 말이 있다. 쇼핑이란 영원히 없어지지 않을 분야라는 점에 대해 이의를 제기할 사람은 없을 것이라고 본다. 또한 그 시상이 커지면 커졌지 줄어들 이유도 없으리라 본다. 이 흐름을 탈 것인지 단순히 소비자로 남을 것인지는 온전히 우리의 몫이다.

④ 라이브커머스의 매력

　　　　　　　라이브커머스는 기존 쇼핑과는 명확한 차이가
있다. 아직 라이브커머스가 생소한 사람에겐 이것이 홈쇼핑과 비슷한 개
념으로 보일 수도 있지만 라이브커머스의 가장 큰 특징은 바로 '소통'에
있다. 더 구체적으로 말하면 '실시간 소통'이라는 점에서 그 차이가 극명
하게 갈린다.

　혹시라도 차이를 느끼지 못한다면 지금 '그립Grip'의 라이브 방송을
시청해보자. 어떤 차이가 있는지 쉽게 이해할 수 있을 것이다. 입장과 동
시에 "어머~ ㅇㅇ님! 안녕하세요!"라며 반기는 판매자와 동네에 잘 아
는 사장님을 만난 듯 서로의 안부를 물으며 대화를 시도하는 시청자를
볼 수 있을 것이다. 내가 처음 이 사이트의 라이브 방송에 들어갔을 때는
다소 당혹스러웠다. 어떤 상품을 판매하나 싶어 궁금한 마음에 계속 시
청했지만 한참이 지나도록 판매자는 시청자와 소통하느라 서로에 대한

근황 이야기만 하고 있었다. 나이를 묻거나 오늘 점심 메뉴는 무엇인지 묻고 답한다. 어떤 경우는 서로에 대한 호칭까지 정리하기도 한다.

만약 마케팅의 기본이 '친밀함 형성'이라는 걸 알고 노린 것이라면 아주 훌륭한 전략이다.

라이브커머스와 홈쇼핑의 차이는
판매자와 소비자의 소통과 신뢰에 있다

흔히 라이브커머스를 홈쇼핑에 비교하지만 이런 소통 부분만큼은 비교할 수 없는 영역이다. 특히 홈쇼핑은 제한된 공간과 시간 안에서 판매할 상품의 특징과 장점에 대해 소비자를 설득하는 노력에 힘을 쏟는다. 그리고 이 과정에서 얼마나 많은 구매를 일으켰는지가 성공과 실패를 구분 짓는 중요한 기준점이 된다. 홈쇼핑에선 시간은 곧 돈이기 때문이다.

홈쇼핑의 쇼호스트가 공급처의 상품을 소비자에게 소개하고 구매를 유도하는 중간자 역할이라면 라이브커머스의 판매자들은 철저히 소비자와의 소통을 그 중심에 두고 있다. 물론 라이브커머스 역시 상품 판매를 목적에서 제외할 순 없지만 그 목적을 달성하는 것 이전에 우선 소비자와 신뢰 관계를 쌓겠다는 점에서 큰 차이점을 보이고 있다. 대부분의 라이브커머스 판매자들에게서 물건을 팔려는 호기보다 우선 고객과 신뢰부터 쌓겠다는 의지가 보이는 건 비단 나쁜만은 아닐 것이다.

스쳐 지나가는 소비자가 아니라
평생을 만날 수 있는 고객으로

여기엔 다 이유가 있다. 라이브커머스의 판매자들은 일회성에 그칠 수 있는 소비자들을 평생 깐부 친구로 만들어야 하는 목적이 있기 때문이다. '깐부 정신'으로 무장한 라이브커머스 판매자들에겐 조금씩 팔로워가 늘어간다. 처음엔 불특정 다수를 대상으로 상품을 전달하지만 제품을 구매한 소비자의 만족도가 높아지면 소비자는 해당 판매자를 팔로우하고 판매자의 라이브 방송을 기다리는 충성고객으로 서서히 자리매김하게 된다. 쇼핑몰을 운영해본 사람이라면 고객의 좋은 리뷰 하나가 얼마나 큰 힘을 발휘하는지 잘 알고 있을 것이다. 거꾸로 소비자 입장에서도 리뷰의 힘이 얼마나 큰 신뢰감을 주는지 온라인 쇼핑을 해본 사람이라면 공감할 것이다.

이 글을 쓸 즈음 한 판매자가 '그립'에서 라이브 방송으로 마카롱을 팔고 있었다. 이름 있는 연예인도 아니고 전문 쇼호스트도 아니었다. 동네에서 작은 마카롱 전문점을 운영하는 주부였다. 방송용 카메라는 켜져 있지만 가게에 손님이 들어왔는지 포장을 하느라 분주해 보였다. 카메라는 곁눈질로 쳐다볼 뿐이다.

그런데 재미난 점이 있었다. 그 안의 참여자들끼리도 서로 대화하느라 바빴다. 이미 알고 있는 사이인 듯 허물없는 모습까지 보였다. 그러면서 자연스레 마카롱 가게를 홍보하기 시작했다. 만약 이 또한 전략이라면 아주 완벽한 작전이지만 마카롱가게 사장님은 그것을 전략으로 활용하는 것 같지는 않았다. 나는 채팅창에 응원의 메시지를 남기고 다른 라이브 방송에 들어갔다.

　살짝 삼천포로 빠지는 이야기지만 여기서 이 책을 읽고 있는 여러분께 당부드리고 싶은 부분은 한번 라이브 방송에 빠지면 한두 시간쯤은 훌쩍 지난다는 사실이다. 그러니 조심해야 한다.

　최근 코로나-19의 여파로 자영업자들이 큰 어려움을 겪고 있다. 나도 작은 식당을 운영해본 자영업자였다. 최근 2년간 자영업자들이 얼마나 힘든 시기를 보내고 있는지 경험을 통해 알고 있는지라 라이브커머스가 자영업자들에게 하나의 돌파구가 되기를 진심으로 바라는 바다.

라이브커머스는
스토리 기반의 소통형 쇼핑 채널

　라이브커머스는 이처럼 전문가의 영역이 아니다. 물론 쇼호스트나 연예인들이 출연한다면 전달력과 몰입도에 있어서 강점이 있겠지만 그게 라이브커머스의 전부가 아니라는 말을 해주고 싶다. 라이브커머스는 철저히 스토리 기반의 소통형 쇼핑 채널이다. 화려하고 유창한 쇼호스트의 언변으로 상품이 소개되는 것도 좋지만 상품에 대해 가장 잘 아는 판매자가 소개하는 것이 훨씬 유리하게 작용될 수 있다. 약간 서투른 진행이지만 진정성이 더해진 판매자의 마음을 전달받은 소비자는 기꺼이 지갑을 열 준비가 되어 있기 때문이다.

　누구나 할 수 있다는 말은 동시에 진입장벽이 낮다는 의미이기도 하다. 몇 년 전 유명 유튜버로 인해 온라인 쇼핑몰이 유행처럼 번진 적이 있었다. 창업이 쉽고 창업 비용이 거의 없다는 말에 많은 사람들은 온라인 쇼핑몰 사업에 뛰어들었다. 분명 온라인 쇼핑몰로 월급 이상의 돈을 벌었다는 사람들도 많았지만 가볍게 생각하고 뛰어든 만큼 짧은 시간 안에 폐업하는 사례들도 부지기수였다.

라이브커머스 또한 소셜미디어처럼 쉽게 진입할 수 있는 장점이 있다. 그래서 일부 '찔러보기' 식으로 도전해보는 경우가 많아질 것이라 예상된다. 하지만 그러면 어떠한가. 세상엔 다양한 직업과 경험거리들이 가득차 있다. 오히려 고민만 하기보단 한번쯤 도전해보는 것이 훨씬 가치 있는 일이지 않을까?

한 기사에 따르면 라이브커머스의 구매 전환율이 최대 20%라고 한다. 물론 상위 랭크의 라이브 방송의 경우겠지만 일반 쇼핑몰의 구매전환율이 0.37%라는 점을 보더라도 입이 떡 벌어지는 놀라운 수치다. 어떤가. 한번 도전해볼 만하지 않나?

⑤ 파는 사람 VS 사는 사람

　　　　　　　　'물건을 판다'의 반대말은 '물건을 산다'이다. 그리고 이 행위가 일어나기 위해서는 '파는 사람'과 '사는 사람'이라는 두 주체가 공존해야 한다. 하지만 파는 사람의 머릿속엔 '어떻게 하면 많이 남길 것인가?'에 대한 생각으로 가득차 있고, 반대로 사는 사람의 머릿속엔 '어떻게 하면 가장 싸게 살 것인가?'로 가득차 있으니, 이 둘의 간극은 시차처럼 영원히 좁혀지기 어려워 보인다. 궁극적으로 물건을 바라보는 시선 자체가 다르기 때문이다.

　예를 들어 내 앞에 치킨 1마리가 있다고 가정해보자. 치킨 1마리 가격이 2만 원인 시대가 된 지금 소비자로서는 갈수록 오르는 치킨 값에 황당함을 감출 수가 없다. 하지만 치킨집을 운영하는 사장님들은 치킨 값이 올라도 남는 게 없다며 억울함을 토로하는 실정이다. 그도 그럴 것이 내 입에 치킨 1조각이 들어가기 위해선 농가에서 길러진 닭이 프랜차이즈 본사와 계약되고 다시 가맹점에 납품된 후 조리되는 수많은 과정을 거치기 때문이다. 치킨 1마리에 각종 재료비와 인건비, 배달비, 임대료, 세금과 수수료 등이 들어 있는 셈이다. 이렇게 해서 육계 농가의 2,290원 2022년 1월 기준 생닭 1마리가 2만 원이 되는 것이다. 짜장면 값도 그렇고, 커피 값도 그렇고, 치킨 값마저 비싸지니 갈수록 서민 음식이 사라지는 기분이다. 그렇다면 대체 돈은 누가 버는 것인가? 이건 여러분들의 판단에 맡기겠다.

실패하고 싶어도
실패할 수 없는 상황을 만들자

지금까지 치킨 이야기를 장황하게 한 이유는 누군가를 옹호하거나 대변한다기보다 판매자의 입장에서 생각해보기 위함이었다. 우리가 물건을 사는 것에 그치지 않고 라이브커머스를 통해 물건을 파는 '셀러'가 되고자 한다면 판매자의 입장에서도 생각해볼 필요가 있다. 소비자와 생각의 차이를 좁힐 수 있는 판매자, 다시 말해 소비자가 원하는 물건을 소비자가 납득할 수 있는 가격에 팔 수만 있다면 실패하고 싶어도 실패할 수 없는 상황이 올 것이다.

그렇다면 좋은 물건을 합리적인 가격에 팔 수 있는 방법이 있을까? 있다면 무엇일까? 그 전에 77페이지의 문제를 풀어보기 바란다. 문제에 대한 답을 맞힌다면 해결의 실마리를 찾을 수 있을 것이다.

- 1 물건을 파는 사람은 많은데 사려는 사람은 적은 곳
- 2 물건을 파는 사람은 적은데 사려는 사람은 많은 곳

답은 몇 번일까? 2번이다. 물건을 파는 사람은 적은데 물건을 찾는 사람이 많은 곳이라면 충분히 가치 있는 곳이다. 그렇다면 그런 곳은 어디일까? 바로 농촌이다.

라이브커머스의 블루오션, 바로 농촌

"농촌이라고?"라며 반문하는 사람도 있겠지만 한번 생각해보자. '2022년 9월 온라인 쇼핑 동향'에 따르면 온라인 쇼핑 거래액이 9월에만 17조 4,553억 원이라고 언급했다. 더 자세하게 분석하면 이중 음식료품은 2조 4,515억 원을 차지했고, 음식 서비스는 1조 9,545억 원을 차지했다. 이를 종합하면 전체 비율 중 25.2%인 4조 4,060억 원을 우리가 먹거리에 소비하고 있다는 뜻이다.

오늘 우리 식탁에 올라왔던 주재료인 쌀, 고기, 채소, 과일들은 농촌에서 생산된 것들이 대부분이다. 어제도 오늘도 그리고 내일도 변함없이 우리에게 살아갈 힘을 주는 것은 바로 음식이다. 농민들의 연구와 노력 덕분에 다양한 신품종 농산물이 개발됐고, 농산물의 생산량 또한 높아

져 소비자들은 다양한 종류의 농산물을 먹을 수 있게 됐다. 그 결과 우리나라 농민들의 기술력을 배우고자 다른 나라에서도 찾아오는 경우가 점차 늘어나고 있다. 그럼에도 불구하고 농촌은 지금 여러 가지 문제로 골머리를 앓고 있다.

그중 가장 큰 문제는 인구 감소와 고령화에 있다. 이 문제는 우리가 어렸을 때부터 대두됐던 문제점이지만 지금까지 나아지지 않고 있는 실정이다. 앞으로도 쉽게 해결되어 보이진 않으나 각 지자체마다 이를 개선하기 위해 많은 노력을 기울이고 있다는 것은 사실이다.

또 다른 문제는 농산물의 생산량이 늘어났지만 판로가 없다는 점이다. 개인적으로는 이 부분이 가장 큰 문제라고 생각한다. 대농大農은 계약재배를 하거나 대형 마트에 납품하는 시스템으로 판로를 개척할 수 있지만 중소농中小農과 같은 경우는 직거래 또는 마트에서 로컬푸드 형태로 판매하는 경우가 다반사다. 이러한 경로마저 없을 경우에는 도매시장에 경매로 넘기기도 하지만 1년 동안 농사지은 값을 치르기엔 턱없이 부족할 때가 많다.

농촌과 상생하는 것은,
우리가 사는 길이기도 하다

일례로 지난해 가을에 있었던 일이다. 강원도에서 무 농사를 짓던 한 농민은 가락동 농수산물도매시장에 무를 출하하려고 했더니 20kg 1상자당 2,000원에서 4,500원 정도에 낙찰됐다고 한다. 지난해보다 5분의

1 정도의 가격에도 못 미쳤다. 무 20kg 1상자의 출하 비용으로만 4,200원 이상이라 수확을 포기할 것을 고민하고 있다는 농민의 말에 가슴이 아팠다.

이 사례 이외에도 양파, 감자 등 제값을 받지 못해 수확을 포기한 농가가 있다는 기사를 종종 볼 수 있지 않았던가? 그런데 아이러니한 것은 우리가 마트에서 구매하는 농산물 가격은 예나 지금이나 별반 차이가 없다는 점이다.

반대로 백종원 요리연구가의 선한 영향력에 크게 감동받았던 기억이 있다. 한 예능 프로그램에서 강원도 못난이 감자를 신세계 정용진 부회장에게 제안해 이마트에서 30톤을 판매했다는 이야기다. 유명인 그리고 방송의 순기능을 크게 느낀 순간이었다.

지역마다 품질 좋은 농산물이 가득하다. 농민들이 생산한 우리의 먹거리가 소비자에게 합리적인 가격에 전해진다면 이게 바로 상생이지 않을까. 그리고 그 방법으로 라이브커머스를 활용한다면 우리의 품질 좋은 농산물은 소비자의 시선을 사로잡을 수 있을 것이라 장담한다. 도시의 소비자와 농촌의 생산자이자 판매자가 상생하는 것, 농부의 입장을 넘어 국민으로서 한번쯤 생각해볼 필요성이 있는 부분이다.

CHAPTER
3

고향에 불어온
라이브바람

① 「6시 내고향」에서 1인 방송으로

10년 전 일어난 일을 기억하는 사람이 얼마나 될까? 싸이의 〈강남스타일〉이 전 세계를 강타하며 너도나도 말춤을 따라 하던 때가 10년 전이고, 런던 올림픽에서 우리나라 축구대표팀이 일본을 꺾고 3위를 차지한 때가 벌써 10년 전이다.

당시엔 나라를 떠들썩하게 만들었던 이슈였지만 이제는 자료를 찾아보지 않는 한 기억하기 어려울 만큼 세월이 흘렀다. 1가지만 더 이야기해볼까? 옆에 있는 휴대폰을 보자. 그 당시 최신 휴대폰 모델이 삼성의 '갤럭시 3'와 애플의 '아이폰 5'였다. 이제 10년이면 강산이 두 번 바뀔 것처럼 빠르게 지나가는 세상이다.

그사이 방송 환경에도 큰 변화가 있었다. 당시 어머니는 바닷가의 작은 마을에서 횟집을 운영하셨는데, 종종 지역 방송국에서 마을을 촬영하러 오곤 했다. 대부분 지역 특산물을 소개하거나 맛집을 촬영하는 경우였는데 동네 분들 입장에서는 흔한 경험이 아니었기에 촬영을 하는 날이면 동네 사람들의 많은 관심을 받았다. 조금 알려진 방송인이 올 경우엔 동네가 더 활기차게 느껴지곤 했다. 행여나 인터뷰라도 하자고 다가가면 줄행랑치시는 분들도 계셨다. 한적한 마을에서 조용하게 살던 마을 분들께 방송 촬영은 이모저모 웃음을 끊이지 않게 만드는 힘이 있었다.

내게도 겨울이면 한 번씩 생각나는 재미있는 경험이 있다. 함박눈이 내리던 어느 날 지역 방송국에서 시장을 탐방하고 맛집을 소개하는 촬영을 하고 있었다. 바닷가 근처에서 횟집을 운영하시는 어머니와 휴가차 내려간 난 가게 앞 화롯불 위에 석화를 구워 먹고 있었다.

눈 내리던 날 바닷가를 바라보며 먹었던 석화구이의 맛은 어디에서도 찾아볼 수가 없을 정도였다. 때마침 촬영을 마친 방송국 사람들이 우리 곁을 지나쳤다. 눈 내리는 바닷가를 배경으로 어머니와 아들이 나란히 앉아 있고, 화로에서 피어오르는 불꽃 리듬에 석화가 터지는 모습이 그들의 눈에는 한 컷 분량 정도는 나오겠다 싶었는지 서둘러 카메라를 들이댔다.

예정돼 있던 방송이 아니어서 지역 소개 등의 의례적인 몇 마디를 나눈 후 그들과 한참 동안 석화를 구워 먹었던 기억이 난다. 연신 맛있다며 엄지를 치켜세웠던 모습이 아직도 생생하다.

누구도 온라인콘텐츠창작자가 될 수 있는
스마트폰의 시대

이제는 그 분위기가 조금 달라졌다. 예전에는 승합차를 타고 온 사람들이 카메라를 들고 촬영하는 모습이 더 많았다면 지금은 1인 방송인이 홀로 이곳저곳을 돌아다니며 카메라에 담는 모습이 더 자주 눈에 띈다. 촬영 장비 역시 카메라에서 삼각대에 부착된 작은 스마트폰으로 바뀌었다. 여럿이 모여 다니는 것보다 훨씬 진행도 빠르고 군더더기도 없어 보였다. 처음엔 혼자서 스마트폰 카메라를 들이대는 모습을 낯설어하던 동네 분들도 이젠 어느 정도 익숙해졌는지 질문에 대답도 잘해주신다.

95%의 스마트폰 보급률을 자랑하는 IT 강국 대한민국에서 우리는 모두 1인 방송인이 될 수 있다. 또한 언제 어디서든 스마트폰만 있으면 내가 있는 곳이 방송국이 되는 세상에 살고 있다. 영상이란 매체가 과거엔 거대한 자본을 소유한 방송국의 영역이었다면, 그리고 전문가만이 할 수 있는 분야였다면, 현재는 7살 유치원 아이도 혼자서 방송 프로그램을 만들 수 있는 세상이 된 것이다.

또한 영상을 볼 수 있는 미디어 매체가 매우 다양해졌다. 이 역시도 95% 이상의 인터넷 보급률을 자랑하는 IT 강국 대한민국이기에 가능한 일이다. 인터넷의 발달은 과거 거실의 TV 문화에서 넷플릭스나 웨이브와 같은 OTT 서비스로의 확장을 가져왔고, 시청자들은 다양한 채널을 통해 원하는 프로그램을 언제 어디서든지 볼 수 있게 됐다.

국민 10명 중 6명은 저녁 시간에 TV 대신 유튜브를 본다는 통계가 있다. 보고 싶은 프로그램을 알람까지 맞춰가며 기다릴 필요가 없어졌고,

많은 방송사들도 이미 유튜브 채널을 운영하고 있으니, 바야흐로 TV 시청률보다 유튜브 구독자의 수가 더 유의미한 수치로 전환된 것이다.

수익을 창출하는 데는 나이도, 국경도 필요 없다

그러자 방송 시장의 흐름도 자연스럽게 1인 방송에 무게감이 더욱 실리게 됐고 콘텐츠만 있다면 어느 누구에게나 기회가 오는 세상이 됐다. 유튜브는 이력서가 필요 없으며 또한 면접도 보지 않는다. 유익한 콘텐츠만 있다면 개인 방송으로 얼마든지 수익을 창출할 수 있는 시대다. 수익을 창출하는 데는 나이도 필요 없고 국경도 필요 없는 세상에 우리가 살고 있는 중이다.

앞서 언급했던 1인 방송인은 지역의 특산물을 찍고 다녔다. 그는 미리 준비한 질문을 상인들에게 물어보면서 필요한 정보를 수집했고 기획, 촬영, 편집, 업로드까지 모두 혼자서 해냈다. 요즘은 이 모든 과정을 손쉽게 할 수 있도록 돕는 유용한 앱이 많아서 스마트폰 하나로도 모든 절차를 혼자서 하는 게 가능하다. 그는 영상을 편집해 유튜브에 올렸고 영상 아래에 자신의 쇼핑몰을 링크해놨다.

그는 현재 유튜브 조회 수와 쇼핑몰의 판매로 수익을 얻고 있단다. 확언컨대 지금은 어느 라이브 방송 플랫폼에서 상품을 판매하고 있을 것이다.

현재 대한민국은 혼자서도 콘텐츠를 만들 수 있는 모든 인프라가 갖

취져 있다. 물론 계란으로 바위 치기 식으로 무모하게 도전하면 안 되겠지만 시중에 나와 있는 책이나 영상을 통해 공부한다면 우리나라 모든 국민은 방송인이 될 수 있다. 큰 자본을 들여 방송국을 세울 필요도 없고, 고가의 장비를 구입할 필요도 없다. 비싼 임대료를 내면서 물건을 진열할 필요도 없다.

「6시 내고향」이 하던 일을 1인 방송인이 하고 있고, 재미와 정보를 제공하면서 상품 판매를 통해 수익까지 낼 수 있게 된 것이다. 이렇게 고향에도 라이브커머스의 바람이 불어왔다.

❷ 점점 더 젊어지는 농촌

장인어른께서는 전북 익산에서 벼농사를 짓고 계신다. 홀로 5만 평의 논을 책임지시는 게 버거우실 법도 한데 "요즘은 기계가 발달해서 할 만하다"는 말씀을 하신다. 하지만 초보 농사꾼 시절에는 결코 만만한 일처럼 보이지 않았다. 혈기 왕성하던 시절에 농사를 시작하셨다던 장인어른은 40년이 넘는 세월을 자연과 함께 하셨고, 어릴 적 논밭에서 뛰어놀던 자식들을 출가시키고 이제 손주들이 논밭에서 뛰어노는 모습을 보고 계신다.

농촌 사위가 된 지 올해로 12년 차다. 도시 출신은 아니지만 농사일을 해본 적은 없었기에 처음 농사일을 배울 땐 말 그대로 허당이었다. 아직도 미흡하지만 말귀를 알아듣는 수준은 됐다고 생각한다. 일을 하다 주변을 둘러보면 연세 지긋하신 분들이 커다란 농기계를 능숙하게 끌고 다니시는 모습을 자주 목격한다. 일할 사람이 없다는 장인어른의 말씀이 그대로 느껴지는 대목이다. 농촌의 고령화와 인구 감소는 이미 사회적 문제로 언급된 지 오래지만 여전히 하루아침에 개선되기 어려운 난제 중의 하나다. 그렇기에 농촌의 기계화는 이제 선택이 아닌 필수다.

농촌에선
배움의 끝이 없다

농사 베테랑 장인어른은 끊임없이 배우신다. 비단 장인어른뿐만 아니라 농촌에 계시는 대부분의 어르신들은 배움에 열정적이시다. 농촌에서도 배움의 끝은 없다는 것을 반증하고 있는 것이다. 남들이 보기엔 매년 같은 농사를 짓는 것처럼 보일지 몰라도 이는 모르고 하는 소리다. 국립종자원에 등록된 벼 품종이 28가지나 된다는 사실을 알고 있는가? 조사에 따르면 우리나라 전체 벼 재배면적 중 외래 품종이 9%를 차지한다고 한다.

우리나라는 외래 품종의 벼를 모두 토종으로 대체할 목적으로 연구에 박차를 가하고 있다. 그렇기에 매년 신품종이 나오면 시험 재배도 해보고 어느 품종이 우수한지 비교해가면서 데이터를 축적해둔다. 지역의 기후와 토질 등 자연환경에 따라 적합한 벼의 품종이 있기 때문에 지역마다 생산되는 벼의 품종이 다양하다.

잠시 좋은 쌀을 고르는 팁을 알려주자면 혼합미보다는 단일미를 고르는 게 좋다. 등급은 당연히 높을수록 좋고 도정 날짜는 15일 이내의 쌀이라면 우리 식탁에 올라오기 적합한 쌀이다. 이것도 당연한 얘기지만 가격이 비싼 만큼 좋은 쌀이다.

농촌의 인구 감소는 고령화와 노동력 부족 현상으로 귀결된다. 그래도 다행인 것은 기술의 발달로 일정 부분의 농사는 성능 좋은 기계의 덕을 보고 있다. 장인어른께서는 드론을 배워 방제할 계획을 세우고 드론 자격증에 도전하셨다. 물론 나도 마찬가지다. 이미 드론 방제를 직업으로 삼는 사람들도 있다고 하니 기술의 발전이 곧 일자리 창출인 것이다.

전문 영농인이 늘어나는 요즘, 농촌의 미래가 밝아질 것이다

안타까운 점은 농촌의 고령화 진행 속도에 비해 인구 유입은 그 속도를 내지 못하고 있다는 것이다. 그래도 다행인 것은 지자체의 '귀농장려정책'과 '청년후계농' 선발로 젊은 세대들의 농촌 유입을 적극 독려하고 있다는 것이다. 청년후계농에 대해 부연 설명을 하자면 만 18세 이상부터 만 39세까지의 청년들에게 농지 임대부터 기술 경영까지 연계 지원해줌으로써 젊고 유능한 인재들의 농업 분야 진출을 추진하는 국가 차원의 정책이다. 최장 3년 동안 월 최대 110만 원의 영농 정착 지원금을 제공해주는 등 '젊고 튼튼한 농촌 만들기'에 여념이 없다. 2023년에는 전국에서 4,000명을 선발한다고 하니 점차 농촌이 젊어질 것을 기대하게 된다. 갈수록 농촌이 젊어질 것에 대해 이견은 없다.

하지만 옆에서 지켜본 바로는 젊은 농부의 대부분은 부모 세대가 일궈놓은 터전에 기반을 두고 농사를 물려받는 경우가 많다. 농업을 선택한다는 건 입사지원서를 내는 것과는 격이 다른 일이기에 결정하기 힘든 건 기정사실이다. 아무런 연고도 없이 외딴곳으로의 귀농은 현실적으로 어려울뿐더러 도전하기 힘든 영역임을 부정할 수도 없다.

그러나 1가지 희망적인 것은 학창 시절부터 농업인을 꿈꾸고 농업 관련 학과 또는 농업대학을 진학해 전문 농업인이 되려는 청년들도 늘어나고 있다는 사실이다.

누군가에게 농촌은 기회일 수 있다

2021년 한국농수산대학교 졸업생의 수가 486명이다. 매년 이런 전문 영농인이 늘어난다면 앞으로의 농촌의 미래도 밝을 것이라고 장담한다. 요즘 식당에 가면 농사일을 마치고 온 젊은 사람들의 모습도 빈번하게 보이고 있다. 언젠가는 농촌이 어르신들만 모여 사는, 왠지 '올드'해 보이는 이미지를 벗어버릴 것이다. 난 그렇게 믿는다.

한국농촌경제연구원 보고서에 따르면 2020년 귀농·귀촌 인구가 49만 4,569명이라고 한다. 코로나-19와 비합리적인 부동산 가격 등 사회적, 경제적 영향에 따라 농촌에 대한 관심도가 커지고 있기 때문이라고, 보고서는 부연 설명했다. 다시 도시로 떠나는 사람도 대다수지만 농촌에 대한 관심이 해마다 늘어난다는 점은 꽤 고무적인 일이다.

농촌이란 곳이 누군가에게는 '시골'이라는 단어로 표현되면서 낙후된 이미지로 남을 수도 있겠지만 또 다른 누군가에게는 분명 기회의 땅이라고 여겨지는 곳이기도 하다.

농산물을 판매하는 스마트스토어 상세페이지를 한번 보자. 20대부터 30대, 40대의 젊은 농부들이 얼마나 많은지 알 수 있을 것이다. 부모를 따라 농촌으로 귀향했든 혹은 자신의 꿈을 농촌에서 실현시키기 위해 귀농했든, 농업을 선택한 그들에게 응원의 박수를 보낸다.

❸ 점점 더 똑똑해지는 농촌

기술의 발달로 한 개인이 기획에서 촬영, 편집, 업로드까지 1인 4역이 가능한 시대의 가장 큰 장점은 일련의 과정에서 거쳐야 하는 의사 결정 과정을 단축시킴으로써 비용을 절감시킬 수 있다는 것이다. 기술이란 본래 불편함을 최소화하고 비용을 절감시키기 위해 발전한다는 말이 실감 나는 부분이다.

농촌 문제가
우리 농산물의 생산량과 가격을 좌우한다

그렇다면 농촌에서 겪는 가장 큰 불편함인 고령화와 인구 감소에 따른 노동력 부족을 기술이 채워줄 수 있을까? 그에 대한 답을 말하기 전에 노동력 부족이 야기하는 가장 큰 문제는 단순히 농산물의 생산량 감소를 떠나 생산능력이 충분함에도 불구하고 농산물을 수입해야 하는 상황으로 이어질 수도 있다는 것이다. 농산물 가격은 가정 경제와 아주 밀접한 관계가 있을뿐더러 무엇보다 농촌의 노동력 부족이 농가 소득과 직결되는 만큼 최악의 경우 지방 소멸을 앞당기는 상황을 만들 우려가 있는 것이다.

농촌은 이러한 문제를 극복하기 위한 연구와 투자를 아끼지 않고 있다. 그리고 마침내 경험과 직관에 의존한 농업에서 벗어나 디지털 기술과 데이터 기반의 농업으로의 전환을 이루게 되었다. 이상 기온으로 작물들이 점점 극한의 환경 속에서 자라게 되고, 농가에서 발생되는 여러 환경 문제들이 이를 부추기고 있는 상태에서 이러한 전환은 농촌의 다양한 문제점에 대응하기 위한 해결책이 되어가는 중이다. 농업의 과정들이 데이터화되어 생산과 유통의 전 과정에서 그 효율성이 극대화되고 농업 지속 가능성을 높이고 있다. 말 그대로 농업의 생산성을 높이면서 그에 따른 불필요한 비용을 낮춰주는 것이다.

아날로그적인 농업에서 가장 디지털적인 '스마트팜'으로 진화

가장 아날로그적일 것 같은 농업에서 가장 디지털적인 스마트팜의 시대가 도래한 것이다. 스마트팜이란 정보통신기술을 이용해 농작물의 생육환경을 적정하게 유지 관리하고, 컴퓨터나 스마트폰을 통해 원격으로 관리할 수 있어 생산의 효율성과 편리성을 동시에 높여주는 농장을 뜻한다. 이제 농업 전반적인 분야에서 널리 적용되고 있는 스마트팜 시스템은 농촌의 고령화와 인구 감소 그리고 기후변화 등을 해결해줄 대안이 되었다.

농작물은 농부의
발자국 소리를 들으며 자란다

하지만 스마트팜이 모든 것을 대신해주진 않는다. 손가락 하나로 원격관리를 할 수 있다는 편리함은 있지만 스마트팜 기반으로 농작물을 키운다고 생산량이 마법처럼 늘어나는 것은 아니다. 집에서 키우는 화분도 사람이 얼마나 관심을 주느냐에 따라 그 생육 상태가 다르듯 첨단 장비를 갖춰놓은 곳이라고 해도 농부의 관심도에 따라 작물의 질이 달라진다.

농작물은 농부의 발자국 소리를 들으며 자란다는 말이 있듯이, 농사는 결국 사람이 짓는 것이다. 음식점의 키오스크 1대가 사람 1명의 역할을 대신하듯 스마트팜 역시 직접 눈으로 확인하지 않아도 데이터를 눈으로 지켜볼 수 있다는 점에서 편한 부분이 있다. 그러나 아무리 단순하고 쉽게 제작하려 해도 그 안에는 매우 복잡한 설계 과정이 있다. 최첨단 기술을 도입한 복잡한 설비를 농촌의 어르신들께서 이해하기엔 무리가 있다.

우리 부모 세대는 아직 스마트폰 조작에 대한 거부감이 많을 뿐만 아니라 쉽게 인지하지 못하는 경우가 많다. 시골에서 생활하는 나의 어머니도 스마트폰 조작법을 확실하게 인지하지 못해 매번 알려드려야 하는데 하물며 스마트팜이 아무리 심플하게 만들어진다고 해도 어르신이 이해하고 조작하는 게 쉽지만은 않다.

농촌의 다양한 문제점을
오로지 스마트팜으로만 해결할 수 있을까?

농촌의 다양한 문제점에 대한 대안으로 스마트팜이 확산되고 있지만 과도한 설치 비용이 부담되는 것도 사실이다. 또한 스마트팜 시설 의존도가 높아질수록 시스템을 다룰 수 있는 기본적인 기술을 보유하고 있어야 한다. 갈수록 똑똑해지는 농촌이지만 그것을 원활하게 운용할 수 있는 농민들이 늘어나야 스마트팜의 기능을 100% 활용할 수 있을 것이다.

④ 성실한 농부와 돈 잘 버는 농부

「개미와 베짱이」라는 이솝 우화가 있다. 개미와 베짱이의 대조되는 삶을 바탕으로 부지런하게 인생을 대비해야 한다는 교훈을 주는 이야기다. 그런데 그것과는 다르게 해석하는 뒷이야기가 있다. 추운 겨울이 오는데도 계속 노래만 부르던 베짱이는 결국 초라한 삶을 맞이해야 하는데 겨울 따위엔 아랑곳하지 않고 노래만 부르더란다. 알고 봤더니 베짱이는 개미들의 건물주였다는 우스꽝스러운 뒷이야기에 한참을 웃었던 기억이 있다.

누군가 웃자고 만들어놓은 이야기니 웃고 끝날 수도 있지만 한번쯤은 생각해볼 법한 부분이 있다. 예로부터 '근면 성실'이라 함은 정직과 함께 집집마다 가훈으로 널리 쓰인 최고의 덕목 중 하나였다. 하지만 최근에는 열심히 일하는 사람이 반드시 성공한다는 공식이 무조건 성립되는 것만은 아니라는 게 피부로 느껴진다. 이는 요행으로만 살아도 된다는 뜻은 아니니 오해하지 말았으면 좋겠다.

근면 성실 그 자체인
'농부'

농부의 이미지를 한 단어로 표현하자면 '근면 성실' 그 자체다. 장인어른만 보더라도 지난 30년 이상의 세월을 한곳에서 보내셨다. 날씨가 좋으면 좋은 대로, 날씨가 궂으면 궂은 대로 조금씩 피하면서도 늘 땅에 발자국을 남기고 다니셨다. 농부만큼 계획적이고 책임감 있는 직업도 보기 드물다.

현대의 농업은 이런 농부의 성실함과 더불어 앞서 언급했던 기술력까지 더해져 생산성과 효율성이 날로 좋아졌다. 지난해 우리 집도 다행히 풍작이었다. 그런데 과거에 '풍년'이라는 단어에서 주는 그런 풍요로움과 풍족감은 점점 사라지고 있다. 농사는 풍작이지만 이를 수확할 일손이 모자라 출하 시기를 놓치는 경우가 빈번하다는 말도 곳곳에서 들려온다. 수확량은 늘었지만 그에 반해 농산물 값은 폭락하고 인건비는 올라 오히려 더 손해라는 말에 안타까움을 감출 수 없다.

그러다 보니 농작물을 창고에 두고 시세에 따라 눈치싸움을 벌이는 경우마저 생긴다. 꼭 주식을 매도하는 것처럼 말이다. 풍년에 기뻐하기도 모자란데 걱정부터 앞선다니 곡할 노릇이다. 일할 사람이 없어 외국인 노동자들로 그 공백을 메꾸는 농가가 대부분이라서, 이제 농촌에서 외국인들이 농기구를 들고 다니는 모습이 낯설지만은 않다. 특히 코로나

시국선 외국인 노동자들마저 보기 힘들었다.

고생 끝에 수확한 농산물을 제값에 모두 팔 수만 있다면 모든 근심은 사라진다. 하지만 농사 기술은 알려줬지만 파는 기술은 알려주지 않아서인지 농민들은 생산 기술에 비해 판매 기술이 뒤처져 있다. 그로 인해 생산자임에도 시장에서는 늘 '을'의 위치에 서 있다. 농산물은 대부분 신선식품이다 보니 제때 시장에 나가지 못하면 처치가 곤란한 애물단지로 전락하고 만다. 여기에서 성실한 농부와 돈 잘 버는 농부가 가려지게 되는 것이다.

수확한 대로 농산물이 다 팔린다면
더 바랄 것도 없다

결국 농사는 농산물을 잘 파는 사람이 승자다. 수확한 대로 모두 팔린다면 어느 누가 농사를 등한시 여기겠는가. 뿌린 대로 거둔다는 세상의 진리를 가장 잘 이행하는 곳이 농촌이거늘 이제는 뿌린 대로 거둔 후 잘 팔아야 보배인 세상인 것이다.

가정을 해보자. 성실한 농부가 잘 팔기까지 한다면? 농촌은 전형적인 1차 산업이다. 하지만 생산만으로는 역부족임을 인지한 농촌은 2차 가공 산업과 3차 서비스업을 융합하여 이 3가지 산업을 아우르는 6차 산업을 지향하고 있다. 이러한 6차 산업은 재배면적이 크지 않아 생산만으로는 충분한 소득이 어려울 경우 새로운 소득을 창출할 수 있는 기회를 얻자는 데 그 취지가 있다.

예를 들어 딸기 농사를 짓지만 그것만으로는 수익성이 높지 않다면 딸기잼이나 음료를 만들어 판매하는 경우가 이에 속한다. 또한 자신만의 농산물 콘텐츠가 있다면 체험 농장을 만들어 추가적인 수익 창출도 만들 수 있다. 생산한 후 가공을 하면 판매 가격이 몇 배가 뛰고, 체험농장과 같은 서비스업은 한번 자리를 잡으면 지속적인 비용 부담이 적으므로 부가가치가 높아진다는 장점이 있다.

정책과 사회 트렌드에 맞게
재빠르게 변화를 시도해야 고소득을 올릴 수 있다

이렇듯 6차 산업은 농가들의 부가가치를 높이겠다는 농촌의 의지인 것이다. 한편으로는 1차 생산만 하기에도 바쁜 농민들에게 가공과 서비스업까지 하라는 건 너무 과중한 업무가 아닌가라는 생각도 든다. 물론 개인적인 자유의지에 따라 달라지겠지만 나의 경우 생산과 동시에 어떻게든 빠르게 파는 것이 가장 바람직하다고 느끼는 바다.

이처럼 농가에서 소득을 높이는 방법은 여러 가지가 있다. 정책과 사회 트렌드에 맞게 재빠르게 변화를 시도하는 농가들은 여전히 고소득을 올리고 있다. 안타까운 이야기지만 그렇지 못한 농가는 풍년임에도 실제로 얻는 소득이 높지 않다. 그래서 성실한 농부와 돈 잘 버는 농부가 따로 있다는 것이다.

몸집만 크다고 생태계에서 우위에 서는 시대는 지났다. 이제 재빠르게 움직이는 사람들만이 살아남는 시대다. 모든 성실한 농부가 돈 잘 버는 농부가 되길 바라는 마음에서 꺼내든 카드가 바로 라이브커머스인 것이다.

중국에서 시작해
전 세계로 퍼진 라이브커머스

라이브커머스는 중국에서 먼저 등장한 개념이다. 2016년 초기 중국의 쇼핑 플랫폼인 타오바오*와 징동닷컴** 등에서 생방송으로 온라인 판매를 실시하면서 두각을 나타냈다. 2019년부터 중국 내 라이브커머스 이용객 수가 폭발적으로 증가하며 유명 인플루언서를 통한 마케팅을 비롯해 지금의 라이브커머스의 형태로 발전했는데 중국어로 '온라인상의 유명 인사'를 뜻하는 '왕홍***'이 중국의 전자상거래의 발전과 함께 그 영향력을 경제 전반에 미치면서 '왕홍 경제'라는 용어마저 생겼다.

코트라KOTRA는 2020년 중국 라이브커머스 시장 규모의 연간 성장률이 197%로 1조 2,000억 위안한화 약 222조 원을 기록했다고 보고했다. 그런데 더 놀라운 것은 향후 3년간 50%가 넘는 연평균 성장률을 유지하며 2023년에는 시장 규모 약 4조 9,000억 위안한화 약 906조 원을 달성할 것이라고 전망했다는 것이다.

● 　중국 기업 알리바바 그룹이 운영하는 온라인 쇼핑몰이다.

●● 　JD.com, 중국에서 360buy를 경영하던 류창둥이 설립한 웹서비스 대기업인 징동이 운영하는 온라인 쇼핑몰이다.

●●● 　网红, 왕훙이라고도 한다. 중국 소셜네트워크서비스에서 활동하면서 많은 팔로우를 거느린 사람을 뜻하는데 왕루어홍런(網絡紅人)의 줄임말이다. 인플루언서(influencer)에 해당한다.

미국 역시 2019년 아마존에서 라이브커머스를 시작했고, 뒤를 이어 메타로 사명을 바꾼 페이스북과 구글도 라이브커머스 시장에 진입했다. 우리나라의 라이브커머스에 대해 설명하기에 앞서 해외 사례를 언급하는 이유는 누군가에겐 생소한 라이브커머스일 수도 있지만 이미 우리 생활의 저변에 깔려 있음을 암시하면서 앞으로의 쇼핑 시장의 지각변동이 어떻게 흘러갈 것인지에 대한 예측을 하길 바라는 마음에서다.

라이브커머스에 도전하는 농가가 많아지는 요즘

이번엔 경제 전문 뉴스 소식을 전하는 블룸버그가 소개한 '라이브 방송이 바꾼 중국 농촌의 현주소'의 2가지 사례를 보자.

○○○   ↓ ⋮

• 사례 1 중국 윈난 성 리장 시에 사는 농민 진궈웨이. 한때 빚더미에 올랐던 그는 2018년까지만 해도 거리에서 관광객을 상대로 과일을 팔며 간신히 대출금을 갚는 가난한 농촌 청년이었다. 그런데 지금은 중국 숏클립 플랫폼인 더우인抖音, 틱톡 중국 버전에서 잘나가는 왕홍 중 하나다. 별명은 '리장 석류형'. 팔로어 수만 730만 명에 달한다. 그가 한 번 라이브 방송에 나섰다 하면 20분 만에 석류 600만 위안약 10억 원어치가 완판될 정도다. 지난해 벌어들인 매출만 3억 위안에 달했다.

• 사례 2　더우인에서 팔로어 수 250만 명을 자랑하는 농민 왕훙 궈청청. 그는 직접 밭에서 키워 수확한 농산물이나 동네 주민들이 재배한 복숭아, 호박 등을 라이브 방송을 통해 팔고 있다. 라이브 방송을 한 번씩 할 때마다 주문이 5만 개씩 밀려들어와 한 달에 최소 900만 위안의 매출을 올린다고 한다. 과거에 그는 '국민 메신저' 위챗을 통해 농산물을 판매했는데, 당시 하루 100개씩 주문받던 것과는 비교도 안 될 정도라고 했다.

이 밖에도 2년 전 우리나라가 중국의 라이브커머스 왕훙인 '리자치'와 계약한 후 방송 시작 1분 20초 만에 1kg 유자차 5만 개를 완판했다는 이야기도 유명한 사례다. 중국은 이미 라이브커머스를 통해 농민들이 큰 수확을 올리고 있다. '떼돈'을 벌고 있다는 표현까지 하고 있으니 우리도 방관만 할 수 없는 노릇이다.

국내에서도 라이브커머스에 진출하는 농가들이 속속히 등장하고 있는 추세이며, 전북 김제 청하농원의 맏며느리인 이은주 작가『나도 한다! 애플며느리의 라이브커머스로 강소농 되기』의 저자가 라이브커머스로 사과 80톤을 판매한 사례가 대표적이다. 하지만 내가 조사한 바로는 농가에서 직접 라이브커머스를 활용해 판매를 하는 경우보단 전문 업체에 외주를 맡기는 경우가 대부분을 이루고 있었다. 지자체에서도 라이브커머스에 대한 관심도가 높아 농가들을 대상으로 라이브커머스에 대한 교육이 활발하게 진행되고 있는 상황이니 자신이 키운 농산물을 자신이 직접 라이브 방송에서 판매하는 농가들이 늘어날 것이라 기대한다.

물론 라이브커머스가 농업의 목적은 아니다. 하지만 농촌이 농가의 소득을 올리기 위해 6차 산업을 바탕으로 부가가치를 높이자는 목소리를 내는 지금 그 발걸음에 동행할 농가라면 라이브커머스는 하나의 든든한 버팀목이 될 것이라는 말을 해주고 싶다.

각 동네마다 로컬푸드 매장이 있다. 지역에서 생산되는 농산물들을 지역 소비자에게 합리적인 가격으로 판매하는 곳이다. 그와 비교하면 라이브커머스는 전국형 로컬푸드가 될 것이다. 앞에서 세웠던 가정이 불가능한 것만은 아니라는 확신이 생기는 건 비단 나뿐만은 아닐 것이다.

⑤ 라이브커머스가 성공할 수밖에 없는 3가지 조건

　　　　　　　　　　우리는 팔아야 한다. 그게 무엇이든 무조건 팔아야 한다. 장사하는 사람이라면 상품을 팔 것이고, 선생님이라면 지식을 팔 것이며, 기술자라면 기술을 팔 것이다. 이렇게 우리는 무형이든 유형이든 팔아야 살 수 있는 시대에 살고 있다. 자신이 가진 것을 다른 사람에게 판다는 것. 그게 바로 자신만의 콘텐츠이기 때문이다.

　한때 직장을 잃고 2년간 고깃집을 운영했다. 직장인 시절엔 나의 지식이 밥벌이 콘텐츠였지만 장사를 하던 시절의 나에겐 음식이 곧 콘텐츠였다. 직장을 잃었던 슬픔을 추스를 겨를도 없이 생계형 자영업자의 길에 들어선 때가 생각난다.

　어디에서 어떤 장사를 할 것인지를 시작으로 무엇 하나 쉬운 게 없었다. 준비하는 약 40여 일 동안 그만둘까를 몇 번이나 고민했는지 모른다. 우여곡절 끝에 오픈한 초보 장사꾼에게 자영업의 세계는 마치 정글

과도 같았다.

'무엇'은 상품이고
'어떻게'는 스토리다

돌이켜보면 자영업을 하면서 겪어야 했던 가장 큰 어려움은 준비 과정이 아니었다. 오히려 무엇을 어떻게 판매할 것인가에 대한 고민이 가장 컸다. 여기서 '무엇'은 상품이고, '어떻게'는 스토리를 뜻한다. 나는 판매할 상품이 있었지만 어떻게 팔 것인지에 대한 대비가 부족했다.

다시 말하자면 음식은 콘텐츠고, 고기는 상품인데 어떻게 팔 것인가에 대한 나의 스토리가 없었다는 뜻이다. 혹자는 매출이 높으면 그만 아닌가라는 말을 할 수도 있겠지만 스토리가 없는 장사는 수많은 경쟁 업체 속에서 'One of them'에 불과했다.

실제로 내가 오픈했던 시기로부터 1년 사이에 비슷한 종류의 음식점이 20곳 넘게 생겼다. 어떻게 됐을까? 서로의 입지를 굳히고자 기를 쓰기 시작했다. 어떤 매장은 가격을 낮추고, 어떤 매장은 서비스를 더 넣어주고, 어떤 매장은 영업시간^{포장 및 배달}을 늘리는 전략을 강행했다. 결국 제 살 깎아먹는 출혈경쟁이 심해지던 중 하나둘 폐업하는 지경에 이르렀다. 더 놀라운 사실은 폐업과 동시에 또 다른 경쟁 업체가 오픈하니 '치킨 게임'은 끝나지 않았다. 하지만 스토리가 있는 음식점은 상황이 달랐다.

"거기 사장님은 새벽마다 바닷가에서 횟감을 잡아온다며?"

"옆 동네 순대국밥집은 삼대째 내려오는 집이래."

"우리 동네 도시락 가게에선 이번에 코로나 때 간호사들 고생
한다고 도시락을 기부했다지 뭐야."

입맛을 사로잡는 맛과 더불어 매장마다 가지고 있는 스토리는 손님
들로 하여금 그 음식점을 찾아야 하는 명분을 만들어줬다. 그곳들은 늘
문전성시였다. 스토리는 강력한 전략이면서 소비자의 마음을 여는 가장
매력적인 무기인 것이다.

스토리는 상품에 믿음을 전달하는 매개체다

우리가 무언가를 '잘' 팔기 위해 필요한 3대 요소는 콘텐츠, 상품 그
리고 스토리다. 그런데 이 성공의 3대 요소가 가장 도드라진 곳이 바로
농촌이다. 농촌은 그 자체만으로 콘텐츠다. 그리고 농업 전문가들이 길
러낸 농산물은 최상의 상품이며 농가의 스토리는 그 가치를 드높여주
는 최고의 전략이다.

여기서 판매 실적이 높은 두 농장의 최고의 전략을 들어보자.

그래도팜의 근원, 원농원은 청정 강원, 그중에서도 술이 샘솟았다는 영월 주천의 산기슭에 위치합니다. 대한민국에서 38년째 유기농업을 이어오고 있다는 것, 그것은 다소 불편하고, 오랜 기다림이 필요하고, 몇 배로 힘이 들고, 누구도 알아주지 않는 길이었지만 그럼에도 불구하고, 한결같은 마음으로 지켜온 30년입니다.

지금처럼, 그래도 가치를 지켜 나갑니다.

강원도 영월의 유기농 토마토 농장인 '그래도팜'은 유기농업의 힘들고 불편함에 절대 타협하지 않고 소비자에게 고품질의 유기농산물을 제공하겠다는 의지를 스토리에 담았다. 품질 좋은 토마토에 스토리를 담았더니 수확한 토마토는 전량 직거래로 판매가 이뤄진다. 또한 평균 6,000가구 이상의 고객들은 주문 후 2주에서 많게는 2개월을 기다려야 하는 수고도 개의치 않는다고 하니 그 맛이 벌써 궁금하다.

유기농 영양제를 제외하고는 농약을 전혀 쓰지 않다 보니 하루 중 10분이라도 길게 앉아 있기가 힘들 만큼 할 일이 많았다. 풀을 일일이 손으로 뽑고 쌈채소를 갉아먹는 애벌레를 손으로 잡은 것은 물론 쌈채소에 알을 낳는 나비까지 잠자리채를 이용해 잡아야 한다. 그러다 보니 어느덧 애벌레는 그의 말동무이자 가장 친한 친구가 되어버렸고, 농장 이름을 '애벌레농장'이라고 짓기에 이르렀다.

전북 익산의 쌈채소 농장인 '애벌레농장'은 소비자들에게 애벌레를 친환경 농사라는 이미지로 각인시켰다. 품질 좋은 쌈채소를 재배하는 '애벌레농장' 역시 전량 직거래로 판매가 이뤄진다. 스토리가 있으니 소비자들은 알아서 찾아온다. 게다가 농장의 애벌레 로고는 「식객 허영만의 백반기행」의 허영만 화백이 직접 그려주었다고 하니 이만큼 좋은 스토리가 또 어디 있을까?

농촌이라는 콘텐츠, 농산물이라는 상품, 땀 흘려 키운 농산물에 대한 스토리

농림축산식품부 자료에 따르면 2018년 국내 토마토 생산량은 38만 8,657톤에 달한다. 1인당 토마토 소비량 6.7kg인 것을 감안하면 5만 8,000명 이상이 토마토를 먹을 수 있는 양이다. 이렇게 많은 양의 토마토를 어디에서 구매할까? 소비자들은 음식에 모험을 하지 않는다. 같은 농산물이라면 스토리가 담긴 상품에 더 손이 갈 것이다. 스토리는 곧 믿음이기 때문이다.

농촌이라는 콘텐츠, 농산물이라는 상품, 땀 흘려 키운 농산물에 대한 스토리가 있는데 무엇이 걱정인가? 농부는 생산자임과 동시에 판매자가 될 수 있고, 농부만큼 자신이 생산한 상품에 대해 잘 아는 사람은 없다. 자신감을 갖자. 가격도 우리가 정할 수 있다. 하물며 재고 부담도 없다. 그렇다! 우리가 진짜 프로다.

농촌이라는 콘텐츠, 농산물이라는 상품, 땀 흘려 키운 농산물에 대한 스토리는
더 없이 값진 판매 전략이 될 수 있다.

⑥ 나도 이제 샵테이너다

[하기스 맥스 드라이 기저귀⋯ 동시간대 최고 View/Like, 전체 상

품 완판 데스커 책상⋯ 라이브 매출 4.5억/일 매출 13억, 네이버

가구 카테고리 매출 1위 코스알엑스 퓨어핏시카 클렌징⋯ 네이

버 구매자 수 TOP10]

2020년 CJ ENM의 다이아 티비DIA TV는 쇼호스트들을 라이브커머스의 샵테이너로 육성하겠다는 의지를 표명하며 라이브커머스 시장에서의 영역을 지속적으로 확장해 나가고 있다. 다이아 티비는 1,000명 이상의 내로라하는 크리에이터, 인플루언서들과의 협업을 통해 이처럼 높은 성과를 보여주고 있다.

혹시 '이렇게 큰 기업의 지원을 받았으니 그것이 가능하지 않을까?'라는 생각을 하고 있다면 그건 큰 오산이다. 물론 규모가 있는 기업은 기

획과 마케팅 등에서 뛰어난 전략을 갖추고 있는 건 사실이다. 하지만 앞서 라이브커머스와 기존의 쇼핑 채널의 가장 큰 차이점은 소비자와의 '실시간 소통'이라고 했다. 쇼핑에서의 소통이란 대부분 상품에 대한 정보를 제공하는 것으로 예측하겠지만 그보다 더 중요한 것이 바로 상품의 가치를 전달하는 일이다.

명분이 있는 구매는
의미를 담을 수 있다

현재 내 주변에는 마실 물이 담겨 있는 컵, 컴퓨터, 의자, 가방 등이 있다. 집 안에는 셀 수 없이 많은 컵들이 있는데 나는 왜 지금 내 옆에 있는 컵을 선택했을까? 스타벅스 한정판이라서? 아니면 세일을 많이 해서?

이유 없는 소비는 없다. 판매자는 소비자가 그 상품을 살 수 있는 이유나 명분을 만들어줘야 한다. 물론 가격도 구매에 중요한 영향을 미치지만 상품에 담긴 스토리가 소비자에게 전달될 때 소비자들은 그 상품에 대한 신뢰와 판매자에 대한 진정성을 느끼게 되고 그것이 곧 상품을 구입하는 이유가 되는 것이다.

진정성과 신뢰를 쌓기 위해서는 우선 판매자가 상품에 대해 누구보다 잘 알고 있어야 한다. 자식에 대해 부모가 제일 잘 알듯 상품에 대해서는 당연히 생산자가 제일 잘 알고 있다. 이것이 바로 농부가 라이브커머스를 해야 하는 이유다.

농촌 속 날것의 에피소드가
콘텐츠가 되기도 한다

상품에 대한 이해와 더불어 스토리가 더해지면 금상첨화다. 농촌에는 밭을 갈고 씨를 뿌리고 수확하는 과정에서 울고 웃는 수많은 에피소드가 있다. 이러한 날것의 에피소드는 라이브 방송에서 더욱 큰 재미를 선사하고 공감을 받게 된다. 가공된 에피소드와는 차원이 다르다.

에피소드라고 하니 2가지 이야기가 떠오른다. 작년 고추 수확철에 일어난 일로, 한 할아버지가 늘 먼저 밭에 나와 계셨는데 그날만은 할아버지가 보이지 않았다. 그래서 내가 할머니들에게 여쭸다.

"아저씨는 왜 안 보여요. 어디 아프셔요?"

"갈랑가벼."

"초기여?"

"초기면 좋게?"

"날 잡은 겨?"

극단적으로 전개되는 할머니들의 대화에 나는 애써 표정 관리를 하느라 애먹었던 기억이 난다. 이런 이야기를 오프닝으로 구성한다면 어떨까? 라이브 방송에 참여한 소비자들로 하여금 더욱 몰입할 수 있게 만들어줄 것이다.

다음 이야기는 다소 안타까운 이야기다. 2020년은 냉해와 장마 그리고 태풍까지 말 그대로 트리플 악재가 닥친 해였다. 경북의 한 사과농장은 봄에 냉해로 꽃이 얼어 열매의 30%를 버린 상태에서 사과 농사를 시작했다. 그런데 여름 장마가 길어진 탓에 병충해로 그중 15%가 썩어버렸다. 게다가 설상가상으로 태풍까지 덮쳐 1그루에 평균 200개는 열려야 할 사과가 고작 50개만 남게 됐다. 농부의 심정을 과연 누가 이해할 수 있을까?

소비자의 동정이 아니라 도시와 농촌의 상생을 도모하는 목적으로

그해 추석 시즌에 장바구니 물가가 전년 대비 평균 20% 가량 상승했다. 생산량이 직으니 당연히 물가가 오를 수밖에 없는 상황이지만 전후 사정을 모르는 소비자는 물가가 오른 것에 대해 불만을 쏟아낼 수밖에 없었다. 만약 이러한 스토리가 라이브 방송에서 전달된다면 어떻게 될까?

오해하지는 말자. 소비자의 동정심을 얻어 농가의 판매량을 올리자는 목적이 아니다. 농부와 소비자 간에 형성된 공감대는 소비자와 판매자의 이해관계를 넘어 국가가 전면에 나서도 이뤄지기 어려운 도시와 농촌의 상생 관계를 쇼핑을 통해서 이어갈 수 있다는 점에서 그 가치가 크다고 볼 수 있다.

이처럼 농부에게는 농촌이라는 콘텐츠와 스토리가 담긴 상품이 있다. 그리고 판매에서 절대 빼놓을 수 없는 가격 경쟁력도 갖추고 있다. 그날의 수확량이나 판매량에 따라 할인 폭을 조절할 수 있고, 주변 농가와의 협업을 통해 다양한 이벤트도 가능하다. 딸기 농장의 라이브 방송에서 경품으로 쌈채소를 보내고, 쌈채소 농장의 라이브 방송에서 경품으로 딸기를 보낼 수 있는 곳. 농촌이기에 가능하다.

그렇다면 농부는 어떻게 라이브커머스를 진행할 수 있을까? 진행 기술을 배우고 익히면 된다. 라이브커머스의 본질이 소비자와의 실시간 소통을 통해 신뢰와 공감을 형성하고 판매로 이어지게 만드는 것이라면 농부는 전문 쇼호스트도 흉내 내지 못할 진정성이 담긴 이야기가 있다는 것을 꼭 명심해야 한다. 우리는 이미 준비된 샵테이너다.

농산물은 농부의 발자국 소리를 들으며 자란다.

농촌에
불어온
스마트 바람

① 무인 시대⇒본질과 효율의 시대

저녁 메뉴로 닭볶음탕을 하겠다는 아내의 말에 함께 마트에 갔다. 파워블로거의 레시피대로 생닭과 양파, 고추, 감자, 당근, 버섯을 카트에 담았다. 아이들이 좋아하는 떡과 당면 그리고 양념장을 만들기 위한 맛술과 물엿, 생강도 담았다. 그런데 그때 아내는 카트에 담았던 재료들을 모두 원래의 자리로 돌려놓기 시작했다. 왜 그러냐는 물음에 아내는 나가자는 말로 답했고 그런 아내를 따라 향한 곳은 바로 무인 밀키트 판매점이었다. 결국 그날 저녁 우리 가족은 냄비에 재료를 넣고 끓이기만 하면 완성되는 3인분에 14,900원인 닭볶음탕으로 한 끼를 해결했다.

맛은 기본이고
효율을 따지게 된 요즘

지금까지 나에게 음식은 곧 정성이라는 생각이 지배적이었다. 좋은 재료를 깨끗하게 손질해서 양념에 재우고 시간을 들여 익혀내는 것이 음식이라고 여겼다. 틀린 말은 아니지만 만약 이날 모든 재료를 준비해서 닭볶음탕을 만들고자 했다면 결과적으로 시간 낭비이자 재료 낭비였을 것이다. 이제 음식의 기본은 '맛'만이 아닌 '맛과 효율'이 됐다.

산업은 기술의 발달로 인해 발전한다. 본질은 지키되 효율은 높이면서 말이다. 무인 밀키트 판매점 역시 '맛'이라는 본질은 지키면서 간편한 조리와 합리적인 가격으로 소비자의 효율을 높이고, 무인 시스템만의 유연한 운영 환경으로 사업주들의 업무 효율을 높였다.

무인 매장은 코로나-19로 인한 비대면 문화의 확산, 최저임금의 인상에 따른 경영 부담 등의 이슈가 기술과 만나 가파른 성장세를 보이고 있다. 'e-나라지표'의 보고에 따르면 2020년 기준 우리나라 5,500만 명의 자영업자 중 75%인 약 4,100만 명은 직원 없이 매장을 운영하고 있다. 이는 오프라인 매장을 운영함에 있어서 인건비의 부담이 가장 크다는 것을 증명하고 있다. 바늘구멍 취업난으로 인해 창업으로 몰리는 현상이 지속되는 상황 속에서 인건비가 부담으로 떠오르자 무인 매장이 그 수요를 흡수하고 있는 추세다.

수요와 기술이 만났다면
발 빠른 대처가 필요하다

그러나 시장은 수요로만 움직이지 않는다. 그를 뒷받침하는 동력이 필요한데 디지털 전환에 발맞춰 가상과 증강현실, AI와 빅데이터 등 첨단 기술을 적극 도입하고 있는 유통업계의 발 빠른 움직임이 있기에 가능한 일이 됐다.

무인매장을 운영하게 된 점주는 더 이상 장시간 상주하지 않아도 곳곳에 설치된 카메라를 통해 매장을 확인할 수 있게 됐고, 주문 및 결제에 대한 걱정도 키오스크로 대신할 수 있게 됐다. 더 나아가 상품을 집어들고 매장을 걸어 나가면 결제가 자동으로 완료되는 무인 편의점마저 등장하고 있다고 하니, 영화에서나 나올 법한 일들이 4차 산업혁명 시대에선 현실이 돼가는 중이다.

불과 몇 년 전만 해도 기술 발달에 따른 자동화는 많은 일자리를 파괴할 것이라는 우려의 목소리가 있었다. 특히 제조업에서 그 목소리가 가장 컸다. 그러나 인공지능AI, 사물인터넷IoT 등 첨단 정보통신기술ICT이 적용된 스마트공장을 도입한 7,903개의 업체에서 평균 2.6명의 고용 효과가 나타났다는 산업연구원의 발표는 디지털 전환의 중요성을 다시금 일깨워줬다. 1시간이 소요되던 작업량을 10분으로 단축시키면서 작업 시간 대비 생산량을 증가시켰다. 일의 효율성과 품질이라는 기본, 이 두 마리의 토끼를 모두 잡을 수 있다는 것을 입증한 셈이다.

이처럼 스마트한 업무 환경은 서비스 산업부터 노동집약적인 산업까지 다양한 분야에 걸쳐 그 효율성을 제고할 수 있음을 증명했다. 그렇다면 이제부터 농업에도 그 명제가 적용된다는 것을 증명해 보여야 한다.

농업의 본질은
안전한 먹거리를 소비자의 식탁에 올리는 것

농업을 한마디로 표현하면 종합예술이라고 할 수 있다. 그리고 그런 농업에 종사하고 있는 농업인은 종합예술인이다. 한번 생각해보자. 요즘 농업인들은 단순히 생산에만 그치지 않는다. 농산물을 생산한 뒤 부가가치를 높이기 위해 직접 가공을 한다. 더 나아가 체험 농장을 열어 사람들의 발길을 끌기 위한 노력도 아끼지 않는다.

이는 무인 매장을 운영하는 점주가 닭볶음탕을 팔기 위해 직접 키운 닭을 잡아 손질한 다음 소비자가 간편하게 조리할 수 있도록 재료와 양념을 한데 모아 포장 판매하고 심지어 원데이 쿠킹 클래스를 진행하는 것과 같은 의미다.

농업인 1명이 생산, 가공, 판매, 서비스까지 4단계를 책임지는 상황이 농업의 현실이다. 어떻게 보면 과중한 업무임이 틀림없다. 앞서 기술은 본질을 지키고 효율을 높이기 위해 발전한다고 했다. 농업의 본질은 품질 좋은 안전한 먹거리를 소비자의 식탁에 올려놓는 것이다. 따라서 농업의 본질은 생산 단계에 있고, 그에 따른 기술은 농업의 스마트한 생산 환경을 조성하기 위해 적용되어야 한다.

농업의 효율성을 높인다면
농촌의 문제점을 해결할 수 있는 방안도 생길 것

노동집약적이고 경험에 의존한 생산 활동에서 탈피해 자동화와 빅데이터 기반의 생육환경으로 농업의 효율성을 높인다면 농촌의 문제점을 해결하기 위한 다른 노력들도 더욱 속도를 올릴 수 있을 것으로 기대한다.

뜨거운 태양을 피하고자 어둑한 새벽에 몸을 일으키지만 얼마 지나지 않아 끓어오르는 지열과의 사투로 온몸이 벌겋게 익어버리는 장인어른과 정기적으로 무릎 주사를 맞아가며 고추를 심고 깨를 터시는 장모님께서 지켜온 곳이 농촌이다.

첨단 기술이 난무하는 시대에 그 수혜를 가장 받지 못한 곳 중 하나가 농촌이다. 그러나 반대로 생각하면 많은 투자와 관심을 받고 있는 농촌이야말로 가장 빠른 속도로 성장할 수 있는 곳이다.

그리 먼 이야기도 아니다. 실제로 시설원예, 축산, 과수, 노지, 실내농장 등 스마트팜이라 불리는 미래 농업의 선두 주자가 큰 걸음으로 나아가고 있기 때문이다. 집에서 CCTV로 농장을 확인하고 스마트폰으로 토양의 수분을 측정한 데이터를 보면서 물을 주고 양액을 공급하는 모습이 현실이 되어가고 있다. 이제 농촌에서도 '무인 시대'라는 말이 자연스러워질 날이 머지않았다.

② 왜 스마트팜인가?

　　　　　　　　한 달 전 '농촌 마을 활성화 사업'의 임원 모집 공고에 지원한 적이 있었다. 평소 생각해왔던 농촌의 발전 계획 모델을 서류로 제출하고 심층 면접을 보는 자리에서 농촌의 이미지 제고를 위한 브랜딩 계획과 농촌 교육에 대한 방안을 피력했다.

　무엇보다 농가 소득 향상을 중심에 둔 계획과 실천이 병행되어야 한다는 말을 이어 나가는데 면접관의 반응은 왠지 시큰둥해 보였다. 돌이켜보면 젊은 사람이 농촌의 현실을 너무 모른다는 의미였던 것 같다.

　모든 이야기를 마친 후 자리에서 일어나기 전 한 번 더 입을 열었다.

"저 역시 이곳에서 10분 거리의 마을에서 농사를 짓고 있습니다. 농촌의 활성화 방안을 찾기 위해 공동체 의식과 커뮤니티 활동도 중요하지만 무엇보다 농촌에 사람이 들어와야 한다고 생각합니다. 그런데 사람이 들어오려면 소득이 뒷받침되어야 합니다. 도시도 일자리가 없으면 인구가 빠져나가는 상황인데 농촌은 더욱 불리한 여건입니다. 따라서 내가 거주하고 있는 마을을 보기 좋게 꾸미는 것도 중요하지만 생산 활동과 소득을 향상시키는 데에 초점을 맞춰주시길 부탁드립니다."

내가 이렇게 농가 소득에 열성인 이유가 있다. 정부의 귀농 장려 정책에 힘입어 2020년 귀농과 귀촌 인구는 전년 대비 2만 8,967명이 증가했다. 한 해 귀농과 귀촌 인구의 수가 50만 명에 육박한다. 그런데 이러한 귀농과 귀촌 장려 정책의 관심 이면에는 역귀농에 대한 염려도 숨어 있었다.

농촌으로 들어왔다
다시 도시로 나가는 사람들

'역귀농률 11%, 역귀농·역귀촌 사유 1위 소득 부족'

귀농귀촌종합센터는 귀농한 후 영농 활동에 실패하거나 농촌 생활에 적응하지 못해 다시 도시로 돌아가는 역귀농률이 11%에 달한다고 밝혔고, 농림축산식품부는 역귀농 원인의 37.8%가 소득 부족이라고 명시했다. 역귀촌 역시 소득 부족의 원인이 44.2%를 차지하고 있으니 역귀농 사유와 별반 다르지 않다. 도시생활을 하면서 수년 동안 주말마다 시골에 내려와 농사를 배우고 귀농했지만 실제 영농 생활은 생각과 다르다는 게 역귀농하는 사람들 대부분의 입장이다. 결국 농사지어서는 먹고살 수 없으니 다시 도시로 돌아간다는 것이다.

귀농을 결심한다는 것은 단순히 직장을 옮기는 것과 차원이 다르다. 귀농을 준비하는 시간, 귀농 후 정착하는 시간 등을 고려했을 때 시간과 투자 비용에 대한 기회비용이 이직이나 전직과는 비교가 안 된다. 직장처럼 오늘 입사, 내일 퇴사가 불가능한 곳이 농촌이다.

그런데 농사지으러 왔더니 먹고살 만하다는 이야기가 여기저기서 들린다면 어떨까? 애써 홍보하지 않아도 농촌의 인구 유입은 증가할 것이 분명하다. 농촌 마을의 활력은 두말할 것도 없다. 농가 소득이 향상되는 것. 내가 염원하는 농촌의 미래이자 진정한 농업 혁신이다.

**디지털 농업은
노동력에 의존했던 농촌을 미래지향적으로 만드는 촉매제**

이런 가운데 반가운 소식이 들렸다. 지난 3월 16일 농촌진흥청이 데이터와 인공지능 기술을 농업 분야에 활용하는 10대 핵심과제를 선정해 농업 분야의 혁신을 선도하고, 디지털 농업기술 개발 및 보급을 위해 878억을 투자하겠다고 공표한 것이다. 빅데이터, 인공지능 등 디지털 기술을 농업 분야에 활용해 농업 생산성을 향상시키고, 지속 가능한 농업을 이루겠다는 의지였다. 지속 가능한 농업, 농민들이 잘 먹고 잘 사는 농촌을 만들겠다는 것이다.

스위스 국제경영개발원International Institute for Management Development, IMD
이 발표한 '2021 세계 디지털 경쟁력 순위'에 대한민국이 12위에 올랐다.
1년 전보다 4단계 하락한 순위지만 대한민국이 명실상부 디지털 선진국
임을 입증했다. 우리나라는 금융, 교육, 통신, 의료 등 다양한 산업 분야
에서 수준 높은 디지털 기술을 접목시키고 있다. 이제 농업 차례다. 많은
산업에서 쌓인 데이터들을 농업에 접목시킨다면 디지털 농업의 비전은
더욱 무궁무진할 것이다.

중국의 알리바바 창업자 마윈은 "과거의 농부들은 하늘을 등지고
흙과 마주했다면, 미래의 농부들은 휴대폰 화면과 데이터를 마주한다"
는 말과 함께 앞으로 1,000억 위안약 20조 원을 디지털 농업에 투자하겠다
고 밝혔다. 디지털 농업은 경험과 직관 그리고 노동력에 의존하던 과거
의 농업에서 미래의 농업으로 전환시키기 위한 당연한 수순이다.

인구의 양적 성장만이
농촌을 살리는 대안은 아닐 수도

그렇다면 우리나라의 디지털 농업의 가능성은 어떻게 예견할 수 있을
까? 세계 디지털 경쟁력 순위 7위에 올라 있는 네덜란드를 보면 알 수 있
다. 네덜란드는 우리나라 농업인들에게 최고의 교과서다. 우리나라의 국
토 면적의 절반도 안 되는 나라임에도 불구하고 네덜란드는 미국에 이
어 농식품 수출액이 가장 많은 나라이다. 비록 우리나라의 16분의 1에
불과한 농가 수이지만 한 농가당 평균 경지 면적은 우리나라의 19배에

달하는 네덜란드 농업의 핵심은 바로 '스마트팜'에 있다.

산업 조사 전문기관 데이코산업연구소의 「2022 국내외 스마트팜 기술개발 동향과 시장전망」 보고서에 의하면 네덜란드 농가의 스마트팜 보급률은 99%에 달하는 반면 우리나라 스마트팜 보급률은 1%에 불과하다고 한다. 네덜란드 농업인들은 알고 있다. 적은 면적에서 경쟁력 있는 농업, 지속 가능한 농업을 실현하기 위해서는 디지털 농업이 답이라는 것을 말이다.

인구의 양적 성장만이 농촌을 살리는 대안은 아니다. 그러나 점점 경지 면적이 줄어들고 있는 우리나라에서도 생산성을 향상시키고, 인구의 고령화와 감소에 따른 일손 부족, 기후와 환경문제라는 농촌의 이슈를 해결할 수 있는 최적의 대안은 디지털 농업이다.

더 이상 농업의 가치를 농부가 논밭에 머무는 시간과 비례하게 둘 수는 없다. 알리바바 창업자 마윈의 말처럼 이제 곧 일흔을 바라보시는 부모님께서 하늘과 흙을 마주하는 시간보다 스마트폰에서 데이터를 마주하는 시간이 더 많아지시길 바란다.

❸ 스마트팜 성공 사례

차에 주유를 하던 도중 '스마트팜 분양'이라는 현수막 하나가 눈에 들어왔다. 주유소 아저씨께 "가득이요"라고 말한 것처럼 나의 호기심도 가득찼다. 서둘러 스마트팜 관계자와 미팅을 약속하고 약속 장소로 이동했다. 도착한 곳에는 컨테이너 2동이 자리하고 있었고, 그곳에서 새싹인삼을 재배하고 있었다. 스마트팜이었다.

새싹인삼은 2년 전 「역전의 부자농부」라는 유튜브 채널에서 고소득 작물이라고 소개된 이후 주의 깊게 지켜본 작물이었다. 새싹인삼은 보통 1년생 묘삼을 심어 3~4주 후에 수확하는 작물로, 인삼의 주요 성분인 사포닌 함량이 높아 건강에 관심이 많은 사람들이 즐겨 찾는 작물이다. 무엇보다 1년에 12모작 이상 가능한 작물이라는 점에서 매달 월급처럼 수익을 얻을 수 있겠다는 생각에 긍정적으로 평가했던 기억이 난다.

새싹인삼 스마트팜

원격 제어가 가능한
스마트팜

이날 접하게 된 8평 크기의 새싹인삼 컨테이너에서는 약 3만 뿌리의 새싹인삼이 자라고 있었다. 컨테이너 내부는 급수장치를 포함해 조명 및 온도 조절 등 새싹인삼을 재배할 수 있는 전반적인 시스템이 모두 자동화되어 있었다. 다시 말해 묘삼을 심는 것과 수확하는 과정을 제외하면 모두 원격으로 제어가 가능했다.

재배 과정도 단순했다. 1동 기준으로 이틀에 걸쳐 묘삼을 심은 뒤 수확하기 전까지 물과 빛을 제어하고 병에 걸린 새싹인삼을 걸러주는 게 재배 과정의 전부였다. 수확은 하루면 충분했다.

실제 재배 사례에 대해 물어보니 경남의 한 지역에서 평생 양파 농사를 지으셨던 노부부의 이야기를 들려주셨다. 1년 전 새싹인삼에 대해 설명을 듣고 곧장 양파에서 새싹인삼으로 작물을 변경하셨다는 것이다. 평생을 양파밖에 모르시던 분이 급작스럽게 작물을 변경하신 것은 양파가 기후에 영향을 크게 받을 뿐만 아니라 특히 일손이 부족하면 풍년이어도 웃을 수가 없다는 이유 때문이었다.

그 말을 들으니 10만 원이던 일당을 17만 원으로 올려도 일손이 없다는 신문 기사가 떠올랐다. 지금은 두 분이 너무 편하게 일하고 계신단다. 그런데 더 놀라운 것은 노부부 내외가 무려 10동을 재배한다는 것이었다. 간단하게 계산해도 매월 1,000만 원 이상의 수익이었다.

첫술에 배부르면
첫술에 나가떨어진다

새싹인삼 스마트팜 관계자에게 나를 농업에 종사하는 사람이라고 소개하자 그분이 내게 경험 삼아 한 달간 재배해볼 것을 제안했다. 나도 좋은 경험이 될 것 같아 승낙했다. 수확 후 다시 묘삼을 심어야 하는데 내가 한다고 하니 그쪽도 손해는 아니었을 것이다. 처음이라 서툴렀지만 다행히 도와주는 사람이 많아 하루 만에 묘삼 정식定植을 끝낼 수 있었다.

그런데 새싹인삼이 생각보다 잘 자라지 않았다. 스마트팜으로 재배하면 어떤 작물이든 누구나 쉽게 재배할 수 있을 것이란 나의 예상이 보기 좋게 빗나간 것이다. 어쩌면 당연한 일이다. 글을 모르는 아이에게 비싼 만년필을 쥐어준다고 해서 명필이 될 수 없고, 평생 운동만 해왔던 운동선수에게 고가의 컴퓨터를 준다고 해서 하루아침에 프로그래머가 될 수 없다.

우리의 농산물도 생명이다. 사람도 개개인의 특성이 다르듯 작물에게도 적합한 생육 데이터가 있다. 또한 아무리 첨단 기술의 힘을 빌리더라도 자신이 재배하는 작물에 대해 얼마나 관심을 가지고 돌보느냐에 따라 성장의 속도와 상품의 질이 달라진다는 것을 잊어서는 안 된다.

또한 1가지 당부하자면 자동화를 통한 노동력 절감과 편의성 향상이 스마트팜의 존재 목적은 아니라는 것이다. 현재 영농 현장에서 가장 절실하게 체감할 수 있는 부분이 이 2가지이기 때문에 이해하기 쉽도록 사례를 통해 설명할 것이다. 이를 통해 스마트팜과 디지털 농업에 대해 더욱 폭넓게 생각하길 바란다.

스마트팜 농가의
성공 사례가 증가하는 추세

농촌진흥청에 따르면 한국형 스마트팜 연구개발은 원격 모니터링 및 간편 제어 기술 개발을 시작으로, 작물의 정밀한 생육 관리를 통한 생산성 및 품질 향상과 디지털 농업의 구현에 초점을 두며 발전하고 있다. 정부와 기관, 우수한 기술력을 보유한 기업들의 노력으로 우리나라 스마트팜 농가의 성공 사례들이 갈수록 늘어나고 있는 추세다.

특히 작물별 생산율 향상 측면에서 두드러진 활약을 보이고 있는데 데이터 기반의 농업을 구현하는 스마트팜에서는 작물의 생육환경을 최

구분	작물	생산량 증가율	스마트팜 도입 년도
	스마트팜 작물에 따른 생산량 증가율		
1	장미	25%	2019년
2	새송이버섯	5%	2017년
3	딸기	30%	2019년
4	오이	11%	2015년
5	토마토	220%	2018년

출처 시설원예분야 ICT 융복합확산사업 우수사례집, 『스마트팜 코리아』

적화할 수 있기 때문에 작물의 불량률을 줄이고 수확량을 증가시키는 효과가 있다. 농가 소득 향상에 결정적인 영향을 미치고 있다는 증거다.

스마트팜을 성공시킨 농가의 사례를 짧게 알아보자.

성공 사례 1

전북 익산 로즈밸리_토마토 농장

스마트팜을 도입한 후 평당 토마토 생산량이

79kg에서 128kg으로 약 65% 증가,

경영비 21.4% 감축

성공 사례 2

전남 담양 댓잎이슬농원_딸기 농장

ICT 도입 후 단위 면적 1㎡ 당 생산량이

27.2kg에서 34kg으로 25% 증가,

총 매출액 22% 증가

성공 사례 3

충북 음성 성은농장_육계 농가

ICT 도입 후 육성률 4.2% 증가, 99%의 육성률 달성,

연간 매출액 24% 향상,

체중 측정기 도입으로 정확성과 소요 시간 단축

성공 사례 4

전남 순천 농업회사법인 에코팜_양돈농업회사법인

ICT 도입 후 모돈두당 이유두수 8.3% 상승, 총 산자수 5.3% 향상

ICT 장비를 통해 영상 데이터를 수집하여

한국 ICT 스마트 축사 개발에 활용

④ 스마트팜이 망설여지는 3가지 이유

　　　　　　새싹인삼 재배 기간 동안 충남 논산에 있는 새싹인삼 농가를 방문할 기회가 있었다. 총 8동에서 새싹인삼을 재배하고 있다는 설명만 듣고 출발했는데 예상과는 달리 컨테이너는 보이지 않고 조립식 건물만이 자리하고 있었다. 조심스레 문을 열고 건물 안으로 들어가자 일하시는 분들과 내가 찾던 컨테이너가 보였다.

　총 8동의 컨테이너는 서로 마주보는 4열 구조로 배치되어 있었고, 그 중간에는 묘삼을 심고 포장할 수 있는 약 2m 정도의 공간이 있었다. 사실 컨테이너 안에서 쪼그려 앉은 채 새싹인삼을 심었을 때는 자리가 비좁아 불편했는데 이렇게 작업할 수 있는 공간을 갖춰놓으니 일의 효율성이 높아 보였다.

　새싹인삼은 작물의 특성상 외부 온도에 민감하다. 따라서 이렇게 건물 안으로 컨테이너를 배치해놓으면 외부에서 유입되는 온도를 사전에

방울토마토 스마트팜 농장

차단할 수 있어 최적의 생육조건을 유지할 수 있다.

　농장을 운영하시는 분께 노동 강도에 대해 물어보니 일주일 동안 묘삼을 심으면 그 뒤로는 한 번씩 점검만 해주고 수확 시기에 맞춰 수확만 하면 끝이라고 하셨다. 심지어 농장주는 논산에 거주하지도 않으셨다. 스마트팜에 대해 신뢰도가 더 높아졌다.

　하지만 컨테이너 형태의 스마트팜 시설은 사실 농촌에서 친숙한 모델이 아니었다. 나는 농촌에서 대중화된 형태인 온실 형태의 스마트팜에 대해 알고 싶었다. 욕심 같아서는 스마트팜 혁신밸리의 '청년창업보육센터'에 지원해보고 싶었지만 현장에서 일하면서 체득하는 것이 더 효율적일 것 같아 스마트팜에서 약 4개월간 일해보기로 결정했다.

　처음 방울토마토 스마트팜을 마주했을 때의 기분을 아직도 잊지 못한다. 우선 1,200평 규모의 연동식 스마트팜 규모에 놀랐고, 쾌적한 실내 환경에는 감탄을 자아낼 수밖에 없었다. 매번 논밭을 가로지를 때마다

스마트팜은 작물에 필요한 환경 및 생육 정보에 대한 모든 것을 시스템으로 통제할 수 있다.

마주하던 벌레들을 손으로 저어가던 나의 농촌 생활이 오버랩되니 스마트팜은 마치 호텔과도 같았다.

앞으로의 농업은 스마트팜이라는 말에 더 확신이 생겼다. 스마트팜 대표님은 작물에 필요한 환경 및 생육 정보에 대한 모든 것을 시스템으로 통제하셨고, 스마트팜 시스템 기반으로 생산된 방울토마토는 항상 최고가로 책정됐다.

과도한 초기 투자금, 리스크 관리와 스마트팜의 적용 어려움이라는 난제

그로부터 얼마 후 내가 겪은 일들과 스마트팜에 대한 생각들을 마을 분들과 대화로 나눴다. 모두 긍정적인 반응을 보일 거라고 생각했는데 아니었다. 대부분 스마트팜이 좋은 건 알겠는데 쉽게 할 수 없다는 의견이 지배적이었다. 이유는 크게 3가지로 나뉘었다.

첫째, 과도한 초기 투자금이다.

새싹인삼의 스마트팜 시설은 1동에 4,500만 원이다. 매출을 떠나서 10동이면 4억 5,000만 원인 셈이다. 여기에 토지 매입, 전기, 물 등의 기반 시설을 갖추려면 비용이 더 추가된다. 그렇다면 하우스는 어떨까? 하우스 사정도 별반 다르지 않다. 최근 시골의 땅값이 무섭게 오르고 있다. 혁신도시로 지정되거나 주변 경관이 좋은 곳은 평당 100만 원 이상을 호가하는 게 요즘 시골이다.

인근 딸기 농가 대표님의 말을 빌리자면 최근 농촌에서는 6차 산업의 일환으로 체험 농장을 장려하고 있는데 딸기 하우스를 세우고 그 안에서 체험까지 할 수 있도록 구성하려면 적어도 1,000평은 필요하다고 하셨다. 어림잡아 평당 15만 원일 경우에 토지 매입가만 1억 5,000만 원인 것이다. 토지를 매입하고 하우스 골조 작업 후 스마트팜 시설까지 포함해서 4억 원이 청구됐다는 이야기를 전해 들으니, 입이 떡 벌어졌다.

현재 우리나라에는 '스마트팜 ICT 융·복합확산사업', '스마트팜 종합자금 지원' 등의 다양한 스마트팜 지원사업이 있다. 그러나 상환 능력은 고려하지 못한 채 이런 지원사업만 믿고 투자하는 경우가 있다. 엄밀히 따지면 지원도 빚이다. 실제로 자본의 과다 투입으로 인한 농가의 파산 사례가 종종 있기에 이것을 큰 교훈으로 삼아야 한다. 아직 영농 기술이 충분하지 않은 상태에서 섣부르게 뛰어들기보다는 공부하고 연구하여 현실적인 범위에서부터 시작해야 한다는 것을 명심해야 한다.

둘째, 리스크 관리가 어렵다.

내 이야기를 옆에서 듣고 계시던 장인어른께서 말씀을 이어 나가셨다.

"자금을 모아 하우스를 짓고 스마트팜을 시작했다고 해보자. 만약 계획한 만큼의 생산량이 나오지 않는다면 어떻게 될까? 농사는 한 번 시작한 작물을 쉽게 바꿀 수도 없어. 농사 안 된다고 하우스 철거할 거야? 그렇지도 못해. 그래서 농사가 어렵다는 거야. 그리고 스마트팜으로 농사가 잘됐다고 해보자. 그거 누구한테 팔 거야? 생각해봤어?"

내가 일했던 방울토마토 농장 대표님은 판로에 대해 한 번도 걱정해 보신 적이 없다고 하셨다. 상품이 우수하니 사람들이 알아서 찾아온다는 것이었다. 실제로도 그랬다. 농장으로 직접 구매하러 오신 분들도 더러 있었고, 날마다 밀려오는 주문량에 오히려 판매할 방울토마토가 모자라 걱정이셨다.

나는 이런 점을 빗대어 반박했으나 한편으로는 미래 농업의 동반자인 스마트팜이 해결해야 할 부분이 있다는 것도 곱씹어 생각해봤다. 몇 년 전 음식점을 오픈했을 때 투자한 금액이 보증금과 집기를 모두 포함해 총 2,500만 원이었다. 당시 나에게는 큰돈이었지만 혹시나 망하더라도 다시 일어서기에 가능한 금액이라고 생각했다. 다행히 운이 좋아 월 3,000만 원의 매출을 올렸으니 투자 대비 수익률도 나쁘지 않은 편이었다.

그런데 만약 나에게 5억 원을 투자해야 하는 음식점을 차리라고 했다면 쉽게 용기를 낼 수 없었을 것이다. 만약 그 음식점이 유명한 프랜차이즈 소속이고, 성공적으로 운영한다면 큰돈을 벌 수도 있고 권리금을 받고 양도할 수도 있을 것이다. 그렇지만 이 역시 가정일 뿐이다.

마치 내가 농사지으면 바로 성공할 것이라고 맹신하는 것과 같다. 농사도 사업이라는 것을 꼭 기억하자. 사업에는 반드시 리스크가 따라온다. 우리는 긍정적으로 최상의 결과를 꿈꿔야 하는 것이 맞지만 최악의 경우도 설정해야 한다. 감당하지 못할 일이 발생하면 내가 꿈꾸는 미래는 더 멀어질 뿐이니 말이다.

셋째, 스마트팜 시스템 적용이 어렵다.

2020년 기준 우리나라 농가 경영주의 평균연령은 66.1세로 청년들의 농촌 유입이 늘어나고는 있지만 아직 우리나라 농촌의 핵심 연령층은 환갑이 훌쩍 넘은 우리 부모님 세대다. 그런데 더 안타까운 것은 농촌의 고령인구 비중이 줄어들지 않고 있다는 점이다.

반면에 네덜란드 농민의 평균연령은 우리나라에 비해 10년이 젊다. 네덜란드의 스마트팜 보급률 99%의 비결에는 분명 젊은 농촌도 영향을 끼쳤을 것이다. 요즘 젊은 사람들도 새로운 것에 도전하는 것이 어려운 시대다. 그런데 이제 집에서 손주들의 재롱을 보셔야 하는 어른들이 다시 무언가를 배우고 익힌다는 게 과연 쉬운 일일까? 스마트팜 설치 비용은 그다음 문제다.

시골에 계시는 어머니는 스마트폰으로 문자 보내는 것도 서투르신데 스마트팜 기술에 대해 어떻게 이해시켜드려야 할지 고민이다. 이미 40년간 이어온 익숙함을 버리고 새로운 형태의 농업으로 전환한다는 것. 우리나라 농가들이 스마트팜에 적극적이지 못한 것도 충분히 이해된다.

또한 스마트팜의 시장성이 증명되면서 이를 노리는 관련 업체들이 우후죽순 나타나는 것도 문제다. 쉽게 나타나면 쉽게 사라지는 것이 세상의 이치다. 물이 충분히 공급되지 못해 작물이 말라죽거나 냉해를 입었다는 사례처럼 스마트팜의 기술은 아직 안정적인 단계는 아닌 것이다. 게다가 표준화가 되지 못한 시스템은 설비업체를 제외하고 A/S가 불가하거나 지리적인 여건상 제때 수리하지 못하는 경우가 발생한다. 수확철 농촌의 하루는 누군가의 한 달 수익과 맞먹기도 하다.

그럼에도 지속 가능한
농업이 구현되기를 희망한다면

스마트팜 R&D에 400억 원 이상 투자한다거나 7년간 총 3,867억 원 규모로 집중 투자한다는 뉴스만 보더라도 우리나라가 스마트팜에 얼마나 진심인지 그리고 스마트팜이 농촌의 미래라는 것을 알 수 있지만 해결하고 보완해야 할 것들이 아직 많은 것도 사실이다.

농촌의 평균연령이 높다는 뜻을 다시 해석하자면 농촌은 농업 전문가로 가득하다는 뜻이다. 누군가는 농촌을 쇠퇴기라고 하지만 내 생각엔 성숙기라는 표현이 더 적절하다고 본다. 지자체를 비롯해 전국에 포진되어 있는 스마트팜 혁신밸리 그리고 스마트팜 선도 농가들의 적극적인 참여의식은 농업을 희망하는 젊은 층의 유입 속도를 빠르게 할 것이다. 나는 확신한다. 젊음의 스마트함이 기존 선배 농가의 연륜과 더해지고 우리나라 스마트팜 기술이 안정화가 될 때 우리가 꿈꾸던 지속 가능한 농업이 구현될 것을 말이다.

⑤ 스마트팜 지원 정책

2022년 2월 24일 러시아가 우크라이나를 침공했다. 침공 이틀 만에 우크라이나의 수도 키예프까지 진격한 러시아군은 우크라이나 주요 시설 곳곳에 공격을 퍼부었고, 우크라이나는 말 그대로 쑥대밭이 됐다. 처절하게 맞서는 우크라이나군과 일어나지 말아야 할 일들로 참혹한 일상을 맞이하게 된 우크라이나 국민들을 보는 전 세계는 혼란에 빠질 수밖에 없었다. 일각에서는 코로나보다 푸틴이 더 무섭다는 말이 나오기도 했다.

전쟁을 겪고 있는 아픔에 비할 수는 없지만 이 전쟁은 그것을 지켜보는 우리 삶에도 깊숙이 침투했다. 특히 가파르게 오르는 물가 상승률은 살림살이에 직격탄을 때렸다. 원유 수출 시장 점유율 2위, 비료 점유율 1위인 러시아는 전쟁 직후 리터당 1,500원 미만이던 휘발유 가격을 2,000원 이상으로 올려놨고, 비료 값은 작년 대비 무려 3배를 뛰게 만들었다.

영농철을 앞두고 있는 농민들과 정부의 시름이 여기저기 들리고 있다.

세계정세의 흐름은
농촌에도 절실하게 영향을 미친다

우리나라는 세계 7위의 곡물 수입국이다. 쌀을 제외한 곡물 자급률이 OECD 국가 중 최하위에 속하는 우리나라는 밀 수입량의 78.4%를 미국, 호주, 우크라이나에 의존하고 있다. 그야말로 러시아와 우크라이나의 싸움에 대한민국이 휘청거렸다. 이번 전쟁의 후폭풍은 쉽게 가라앉지 않을 것이라 본다.

원자재 가격의 상승에 따른 압박은 오롯이 우리들 몫이다. 기본적인 욕구 해소에 제동이 걸리기 때문이다. 매슬로의 욕구 5단계 중 가장 기본 단계에 속하는 것이 생리적 욕구다. 인간이 살아가기 위한 기본적인 바탕은 바로 먹고 마시는 데에 있는데 그런 기본적인 욕구 해소에 비상이 걸리면 어떻게 될까? 먹고 마시지 못하는데 좋은 집, 좋은 차, 좋은 옷이 무슨 소용인가? 총성만 없을 뿐이지 우리 역시 매일 전쟁 중이다.

코로나 팬데믹, 러시아와 우크라이나 전쟁이 우리에게 주는 메시지는 '극복과 자립'이다. 우리는 코로나-19로 인해 인력 부족시 겪게 되는 농가의 어려움을 학습했고, 전쟁을 통해 세계정세가 영농 활동에 미치는 영향에 대해서도 학습했다. 이와 같은 일들이 또 언제 어디에서 일어날지는 전혀 알 수 없다. 우리는 고작 대비만 할 뿐이지 정교한 예측은 불가능하기 때문이다.

농촌은 그밖에도 고령화, 경지면적 감소, 농가 소득의 감소, 기후변화 등 극복해야 할 문제들이 아직 많이 남아 있다. 농촌이 살아야 나라가 안전하다. 농촌이 자립할 수 있는 대안이 필요한 지금, 스마트팜 기술이 세상의 이목을 끌고 있는 이유다.

수많은 난제에도
해결할 길은 있다

앞서 스마트팜이 미래 농업의 핵심임과 동시에 높은 초기 비용을 비롯한 여러 문제점이 있다는 것을 지적했다. 하지만 길이 없는 것은 아니다. 이를 위한 지원사업이 활발하게 이루어지고 있기 때문이다.

우선 중소벤처기업부와 창업진흥원에서 주최하는 '케이 스타트업 K-Startup'에 대해 알아둘 필요가 있다. 우리나라 스타트업 환경을 조성하

케이 스타트업은 예비 창업자를 위한 서비스를 지원하는 창업지원포털이다.

사업화
농식품 크라우드펀딩 활성화
주관기관 농업정책보험금융원
지원대상 농업, 농촌, 식품 및 관련 분야 아이디어 혹은 기술력 등을 바탕으로 사업을 영위하는 농식품 기업 또는 예비창업자
지원내용 · (농식품 크라우드펀딩 플랫폼) 농식품 크라우드펀딩 전용 플랫폼 구축 및 운영 · (현장코칭) 크라우드펀딩 참여 희망업체 대상 1:1 컨설팅 지원 · (컨설팅 비용지원) 크라우드펀딩 참여업체 대상 회계·법률·홍보 컨설팅 비용지원 · (수수료지원) 크라우드펀딩 성공기업 대상 플랫폼 중개수수료 지원

사업화
농식품 기술창업 액셀러레이터 육성지원
주관기관 농업기술실용화재단
지원대상 예비창업자 및 농식품 분야 창업기업(창업 5년 이내)
지원내용 농식품 분야 기술창업 액셀러레이팅 프로그램 운영 및 투자유치, 데모데이 개최

사업화
농식품 기술평가지원
주관기관 농업기술실용화재단
지원대상 농식품 분야 특허기술, 품종보호권 등 지식재산권 및 노하우를 보유한 벤처·창업 기업
지원내용 평가수수료 50% 또는 90% 지원(농식품 기술창업의 경제적 가치를 가액 또는 점수로 평가하여 투자유치/IP담보?보증대출/현물출자 연계 지원)

사업화
농식품 판로지원
주관기관 농업기술실용화재단
지원대상 농식품 분야 창업기업(창업 7년 이내)
지원내용 온라인 운영매장 및 기획전 추진으로 판로지원

멘토링 · 컨설팅
농식품 벤처창업센터
주관기관 농업기술실용화재단
지원대상 농식품 분야 예비창업자 및 창업기업(창업 7년 이내)
지원내용 센터별 특화프로그램 운영 및 지역창업자 상담 및 창업지원 연계

행사 · 네트워크
농식품 창업콘테스트
주관기관 농업기술실용화재단
지원대상 예비창업자 및 농식품 분야 창업기업(창업 7년 이내)
지원내용 시상을 통해 우수기업을 선정하고 후속지원 연계

사업화
농식품 벤처육성지원
주관기관 농업기술실용화재단
지원대상 아래참조
지원내용 평가수수료의 50% 또는 90% 지원(보유기술의 경제적가치 및 경쟁력을 가액 또는 점수로 평가하여 투자유치/IP담보?보증대출/현물출자/저리융자 연계)

사업화
청년농업인 경쟁력 제고사업
주관기관 농촌진흥청
지원대상 만 18세이상 ~ 39세 이하, 2년 이상 영농종사 청년농업인
지원내용 시제품 제작필요 경비, 제품개발 컨설팅

케이 스타트업 농촌 관련 사업 내용

고자 설립된 케이 스타트업은 혁신적인 아이템을 보유하고 있지만 자금력이 부족한 예비 창업자들이나 여러 산업의 창업가들이 성공적인 사업을 지속할 수 있도록 지원해주고 있다. 농업에 대해서도 다양한 지원사업이 있으니 평소 영농 활동 중 느꼈던 부분들을 정리해두었다가 사업적으로 풀어 나갈 수 있는 방법을 찾고자 할 때 유용하게 사용하길 바란다.

여기에서 1가지 짚고 넘어가야 할 부분은 지원 자금과 정책 자금은 엄연히 다르다는 것이다. 지원 자금은 창업이나 연구 목적으로 사용될 수 있도록 상환의 의무 없이 지원해주는 자금을 말하고, 정책 자금은 정부에서 빌려주는 융자금을 말한다. 케이 스타트업은 전자에 속한다.

케이 스타트업에서 지원하는
농촌 관련 지원사업

○○○	시설 원예 분야 ↓ ⋮
구분	지원 대상
지원 대상	채소·화훼·특용작물 재배 농업 경영체
지원 조건	국고 30%, 지방비 30%, 자부담 40% • 온실신축 : 국고 20%, 지방비 30%, 융자 30%, 자부담 20% • 융자 조건 : 이자율 2%, 3년 거치 7년 상환
사업시행주체	지자체(시장·군수)

축산

구분	지원 대상
지원 대상	시설이 현대화되었거나, 현대화를 추진하여 ICT 융복합 시설 설비가 가능한 농업 경영체
지원 조건	국고 30% / 융자 50%, 자부담 20% • 융자 조건 : 이자율 2%, 3년 거치 7년 상환
사업시행주체	지자체(시장·군수)

과수

구분	지원 대상
지원 대상	ICT 융복합 시설 적용이 가능한 과수재배 농업 경영체
지원 조건	국고 20%, 지방비 30% / 융자 30%, 자부담 20% • 융자 조건 : 이자율 2%, 3년 거치 7년 상환 • 표준사업비(1ha) 기준 200만 원(사업비 상한액 200만 원)
사업시행주체	지자체(시장·군수)

전라북도 청년창업 스마트팜 패키지 지원사업

구분	지원 대상
지원 대상	만 18세~45세 이하의 청년농업인 및 전북 김제 스마트팜혁신밸리 '청년창업보육센터' 수료생(수료 예정자)
지원 조건	도비 50%, 시군비 30%, 자부담 20% • 표준사업비 440만 원 중 80% 지원
사업시행주체	농축수산식품국

구분	청년농업인 스마트팜 종합자금	일반 스마트팜 종합자금
지원 대상	만 40세 미만 청년농업인 중 (1)농업계고등학교 또는 대학의 농업 관련 학과를 졸업한 자 (2) 정부가 지정한 「스마트팜 청년창업 보육센터」 교육 이수자	영농 경력이 풍부하고, 기술력이 입증된 농업인·농업법인
대출한도	동일인당 30억 원 이내 (시설) 총 사업비의 90% (운전) 소요 자금 이내 -10억 원 이하 시설자금 100% 이내	동일인당 50억 원 이내 (시설) 총 사업비의 90% (운전) 소요 자금 이내
대출금리	시설·개보수 : 연 1%(고정) 운전 : 연 1.5%(고정) 또는 변동금리	
대출 심사	기본자격심사, 비재무평가 100%	기본자격심사, 재무평가 30% + 비재무평가 70%
농신보 보증	부분보증 90%	부분보증 85%

책 한 권 쓴다는 각오로
농사 실력을 갖추는 게 답

사실 자금이란 지원받는 것보다 어떻게 쓸 것인가가 더 중요하다. 그러니 스마트팜 관련 자금을 신청하기 전에 반드시 나의 자금 상황은 어떠한지, 나는 스마트팜을 운영할 충분한 준비가 되어 있는지, 믿을 만한 시설 업체를 알고 있는지에 대해서 짚고 넘어가길 바란다.

예전 이야기지만 동네 어르신 중 한 분이 야반도주했다는 이야기를 들었다. 이유가 뭐겠는가? 갚을 능력이 안 됐기 때문이다. 그만큼 농업은 출구 전략을 세우기 어렵다. 한 번 시작하면 끝장을 봐야 한다. 의지와 각오만으로 되지 않는 것이 현실이다. 농업 전문가로 이름날 정도의 실력을 갖추도록 갈고닦아야 한다. 얼마만큼의 실력을 쌓아야 할까? 답은 간단하다. 만약 지금 딸기 농사를 짓고 있다고 가정한다면 올해 안에 딸기 농사에 관련된 책 한 권을 쓴다는 각오로 하면 된다.

⑥ 스마트커머스 :
   새로운 온라인 직거래 장터의 출현

농림축산식품부는 2022년 예산을 16조 6,767 억 원으로 편성했다. 농업경영의 안정화, 농업 분야 탄소 중립, 스마트·디지털 농업 등 농촌 전 분야에 걸쳐 두루 편성된 금액으로, 작년 대비 약 4,000억 원이 증가한 예산이다. 「2022년도 예산 및 기금운용계획」의 사업 설명 자료를 보던 중에 '유통 효율화 및 유통 채널 확대 등을 통한 책임 판매 확대로 농업인은 판로 걱정 없이 생산에 전념할 수 있도록 지원함으로써 농업인 소득 증대 기여'라는 문장에서 눈이 멈췄다. 가려운 곳을 긁어주는 것처럼 시원했다.

생산보다 더 중요한 것이
유통과 판매다

스마트팜의 확산과 영농 기술의 발전은 생산량의 증대로 귀결될 것이다. 그런데 늘어나는 생산량에 비해 유통에 대한 대안이 부족한 것은 늘 농촌의 숙제였다. 생산량을 늘리는 이유는 소득을 높이기 위해서인데 생산량이 늘어나도 제값을 받지 못한다면 누가 일을 하려고 할까? 이럴 때는 오히려 적게 일하는 것이 이득이다.

생산만큼 중요한 것, 아니 어쩌면 생산보다 더 중요한 것이 '유통'과 '판로'다. 친환경 감귤 1상자를 유통업체에 넘기면 마트에서는 얼마에 판매될까? 기사에 따르면 생산자가 2,100원에 대형 유통업체에 넘긴 1kg 감귤이 대형마트에서 1만 원에 판매된다고 한다. 무려 5배의 유통 마진이다. 그럴 수밖에 없다. 농가에서 출하된 과일이 식탁에 올라오기까지 많게는 5단계를 거쳐야 되기 때문이다.

사실 이런 문제는 오래전부터 거론되었다. 그래서 중간 유통과정을 없앤 직거래 형태의 판매를 적극적으로 권장했고, 많은 농가에서도 블로그 등의 사회관계망서비스, 로컬푸드, 온라인 쇼핑몰 등 여러 방법들로 판로를 개척해 나가고 있었다.

이 중 딱 1가지를 추천하라고 한다면 당연히 온라인 쇼핑몰이다. 이유는 시장의 크기가 내가 살고 있는 지역을 벗어나 전국으로 확장되기 때문이다.

10년 전부터 나는 장인어른께 온라인에서 쌀을 판매하자고 제안했다. 하지만 온라인 판매를 위해서는 정미소를 가동해야 하는데 여건상

인력도 부족하고 매일 일을 할 수 있는 상황이 아니기 때문에 불가능하다고 하셨다. 더군다나 인터넷에 익숙하지 않은 부모님 세대가 온라인으로 판매한다는 것도 쉬운 일은 아니었다. 물론 부모님 연령대에서도 온라인 마켓에서 높은 수익을 창출하시는 분들도 계시지만 대다수의 분들은 아직 디지털에 취약한 편에 속한다.

생각만 달리해도,
소득이 달라지는 농촌

그러던 중 3년 전 옆 마을에 한 청년이 귀농을 했다. 그 청년은 나와 생각이 같았다. 그해 스마트스토어를 개설하고 온라인에서 쌀을 판매하기 시작했던 것이다. 2019년 개설한 스마트스토어는 20kg 쌀 하나에만 구매 후기가 1만 2,000건이 넘게 쌓여 있었다. 보통 후기는 3명이 구매하면 1명 정도 작성한다고 본다. 그렇다면 67,000원인 쌀을 대략 3만 6,000명이 구매했다고 가정했을 때 예상 매출액은 24억 원 이상인 셈이다. 20kg 쌀 이외에도 다양한 무게의 쌀과 콩을 비롯한 다른 농작물들도 함께 판매하고 있었으니 매출은 상상 그 이상일 것이다.

그런데 여기에 날개를 달아주는 것이 나타났다. 새로운 온라인 직거래 장터인 라이브커머스가 등장한 것이다. 미래의 농업이 스마트팜으로 진화하면서 생산량이 급증하게 될 때 라이브커머스가 소비자와 생산자를 실시간 연결해주는 직거래 장터가 될 것이다.

스마트한 농부가 생산한 농작물을
스마트하게 판매하는 방법

스마트팜이 미래 농업의 당연한 수순이라면 라이브커머스 역시 미래 유통의 당연한 수순이다. 온라인 판매도 어려운데 라이브커머스를 어떻게 하냐는 의문도 있겠지만 자신 있게 말할 수 있는 것은 라이브커머스는 쉽다는 것이다. 복잡하고 어려운 장비도 필요 없고, 방송을 위해 별도의 스튜디오 공간을 준비할 필요도 없다. 처음에는 분명 생소하고 낯설 테지만 라이브커머스는 우리에게 유용한 무기가 될 것이 틀림없다.

스마트한 농부가 스마트팜으로 생산한 농작물을 스마트하게 유통하는 것. 나는 이것을 '스마트커머스'라고 부르고 싶다.

스마트한 농부가 스마트팜으로 생산한 농작물을
스마트하게 유통하는 것이 나의 바람이다.

CHAPTER
5

실전
라이브커머스

① 라이브커머스 플랫폼의 이해

'나이키 런 클럽', '온라인 시음회와 전시회', '랜선 투어', '홈 트레이닝'.

코로나-19로 인해 사회적 거리두기가 지속되면서 비대면 서비스들이 더욱 다양해졌다. '혼밥'과 '재택근무'가 익숙해지고 몇 번의 클릭만으로 주문과 결제가 이뤄지는 디지털 세상이 더할 나위 없이 편해졌을 때 난 비대면 라이프에 완벽히 적응했다고 생각했다.

그러나 '사람과 사람 사이'를 뜻하는 '인간人間'이란 존재가 소통의 부재 속에서도 그 의미를 이어갈 수 있는가에 대한 의문이 들 즈음에 이와 같은 목소리가 모이기 시작했고, 결국 사람들은 디지털 세상 속에서의 소통에 대한 욕망을 드러내기 시작했다. 그렇게 언택트 시대에서 자발적인 외부와의 연결을 시도하며 온택트의 시대를 재발견한 것이다. 돌이켜보면 언택트는 단절이 아닌 오히려 선택적 콘택트에 가까웠다.

특히 판매자는 판매만 하면 됐고, 소비자는 원하는 상품을 구매하면 충족됐던 언택트 쇼핑에 유연한 소통이 가미되면서 쇼핑에 재미와 생동감이 넘쳤다. 이뿐만 아니라 판매자와 구매자 간의 유의미한 연대감마저 형성됐다.

일방적 의사소통에서 온택트형 양방향 의사소통으로의 전환이 가져다준 변화는 라이브커머스의 입지를 더욱 견고하게 만들어갔다.

라이브커머스의 매력 중 하나는 저렴한 판매수수료

전체 온라인 쇼핑 시장 내에서 라이브커머스가 차지하는 비율은 2% 안팎으로 추정되고 있다. 하지만 2023년 10조 원대로 성장할 것이라는 점과 평균 5~8%, 많게는 20%에 육박하는 구매 전환율은 이 세상 모든 판매자에게 구애를 받기에 충분한 매력 포인트다. 많은 판매자들이 전하는 라이브커머스의 매력을 1가지 더 말하자면 바로 저렴한 판매수수료에 있다.

2021년 공정거래위원회가 발표한 유통 브랜드별 수수료율 현황을 보면 TV 홈쇼핑이 판매자에게 약 30%의 판매수수료를 전가하고 있다는 사실을 알 수 있다. 반면 주요 라이브커머스 플랫폼인 네이버에서는 5%, 카카오톡은 10~20%, 그립은 12~27%, 쿠팡은 4.5~10.8%의 수수료를 부담하면 된다.

각각의 회사마다 정책이 있기에 오차 범위는 있겠지만 다른 쇼핑 채널에 비해 훨씬 부담이 덜하다. 만약 오프라인 매장을 오픈했다고 가정해보자. 종종 SNS에 올라오는 가맹점 모집 광고를 보면 일부러 전화해 견적을 물어보곤 한다. 최근에 10평 정도의 작은 도넛 매장의 창업 비용에 대해 문의했는데 인테리어와 교육비 그리고 부동산 비용을 더하면

구분	TV홈쇼핑	백화점	대형마트	아울렛 복합쇼핑몰	온라인 쇼핑몰
전체	28.7%	19.7%	18.8%	13.9%	10.7%
대규모 유통업체	NS (35.5%)	롯데 (20.0%)	홈플러스 (19.3%)	뉴코아 (18.7%)	쿠팡 (31.2%)
	CJ (34.2%)	AK (20.0%)	롯데마트 (18.9%)	롯데 (16.0%)	카카오 선물 (14.0%)
	현대 (29.2%)	현대 (19.9%)	이마트 (18.7%)	현대 (13.5%)	SSG.COM (9.6%)
	GS (28.7%)	신세계 (19.7%)	하나로마트-농협유통 (17.2%)	스타필드 (11.8%)	GS SHOP (9.2%)
	롯데 (28.5%)	NC (17.9%)	하나로마트-하나로유통 (15.8%)	신세계 (10.8%)	롯데아이몰 (8.6%)
	홈앤쇼핑 (22.3%)	갤러리아 (17.6%)			
	공영홈쇼핑 (20.4%)				

유통 브랜드 수수료율

출처 공정거래위원회

대략 1억 원 정도를 예상해야 한다는 답변을 받았다. 더 듣지도 않고 대화를 종료했다.

물론 창업 비용에서 끝나지 않는다. 오픈 후에도 임대료와 광고비, 프랜차이즈 본사 로열티 등을 지속적으로 부담해야 한다. 라이브커머스 정도의 수수료는 매우 현실적인 부담이다.

② 라이브커머스 플랫폼의 4가지 유형

국내 라이브커머스의 플랫폼은 크게 4가지 유형으로 분류된다. 4가지 유형은 온라인 커머스, 버티컬커머스^{vertical} commerce, 유통사, 전문 플랫폼 등으로, 온라인 커머스는 이커머스[•]를 전제로 하는 라이브커머스를 뜻하고, 버티컬커머스는 특정 카테고리의 제품만을 전문적으로 판매하는 온라인 유통 서비스를 말한다. 유통사는 홈쇼핑과 쇼핑몰을 말하고, 전문 플랫폼은 라이브커머스 콘텐츠만 내보내는 플랫폼이다. 옆 페이지의 표를 보면 더 쉽게 이해할 수 있을 것이다. 물론 옆 페이지의 표에 제시된 기업 이외에도 더 많은 플랫폼이 존재하지만 우리에게 친숙한 플랫폼 위주로 나열했다.

•   E-Commerce, 전자상거래의 약자로, 온라인 네트워크를 통해 상품과 서비스를 사고파는 것을 말한다. 온라인 쇼핑은 이커머스가 전제되어야 한다.

라이브커머스 플랫폼의 4가지 유형			
온라인 커머스	버티컬커머스	유통사	전문 플랫폼
네이버 카카오 쿠팡	배달의 민족 무신사	SSG 현대홈쇼핑 티몬 11번가	그립 소스라이브
충성도 높은 유저 보유	특정 카테고리 판매	유통 노하우 보유	재미와 신선함이 장점

여러 조건을 따져보며 뽑은
4개의 플랫폼

라이브커머스를 이제 막 시작하는 입장에서 중요하게 생각해야 될 부분은 고객들의 유입은 원활한지, 입점 조건은 까다롭지 않은지, 촬영 조건은 단순한지 그리고 수수료는 합리적인지를 판단해야 한다. 이러한 기준으로 재차 선별한 결과 네이버, 카카오, 그립, 쿠팡, 이 4개의 플랫폼이 가장 접근하기 쉽다. 혹여 진입은 조금 어렵더라도 효율성 측면에서 뛰어난 라이브커머스 플랫폼이었다. 다시 말해 라이브커머스를 시도함에 있어서 지금은 이 4가지 플랫폼이면 충분하다는 뜻이다.

정보의 전달은 텍스트보다 이미지 그리고 이미지보다 영상이 더 신속하고 정확하게 전달된다. 따라서 쇼핑 역시 텍스트와 이미지 위주의 상세페이지에서 벗어나 영상으로의 전환은 당연한 수순이다. 라이브커머스 성장세에 많은 기업들이 그들만의 차별화 포인트로 라이브커머스 시장에 진입하는 가운데 우리나라 라이브 쇼핑도 점점 진화하고 있는 추세다.

라이브커머스 시장이 초기라는 점에서 그 가능성을 엿보지만 한편으로는 라이브 방송에서 직면하게 될 다양한 문제점에 대한 규제가 부족하다는 문제점들이 지적되고 있다. 그러나 라이브커머스를 통해 우리의 상품을 알리겠다는 입장에서 2023년 10조 원의 시장으로 전망되는 라이브커머스의 미래가 더 기대되는 건 사실이다.

구분	네이버 쇼핑라이브	카카오 쇼핑라이브	그립	쿠팡 라이브
접속 방법	쇼핑라이브 앱	카카오 채널	그립 앱	쿠팡 앱
입점 조건	기획라이브 오픈라이브	카카오 쇼핑 제안/승인	입점 신청	쿠팡 마켓플레이스 입점/신청
플랫폼 수수료	5.2~6.36%	10~20%	12~27%	5%~
촬영 장비	스마트폰	전문장비	스마트폰	스마트폰
연간 거래액	5,000억 원	1,200억 원 (추정)	1,000억 원	·
판매 상품	스토어 등록 상품	브랜드 상품	저가형 상품	쿠팡윙 등록 상품

❸ 네이버 쇼핑라이브 알아보기

'회원 수 4,200만 명, 일간 순방문자 수 3,000만 명, 2021년 매출 6조 8,176억 원.'

이것이 명실상부 국내 검색 포털 1위 사이트의 위엄이다. 물론 네이버라는 기업의 가치를 숫자로만 표현한다는 것은 다소 무리가 있겠지만 네이버의 영향력을 표현하는 데 있어서 가장 효율적인 데이터라고 할 수 있다. 특히 2021년 4분기 매출 1조 9,277억 원 중 서치 플랫폼과 커머스 부분이 차지하는 비율이 70%에 육박한다는 점이 흥미롭다. 국내 대다수의 사람들이 네이버에서 검색하고 네이버에서 물건을 구입하고 있다는 증거이며 네이버가 라이브커머스를 하려는 우리에게 얼마나 좋은 환경인지 보여주고 있다.

우리나라 네이버 스마트스토어 판매자는 47만 명에 달한다. 우리나라의 1인 자영업자의 수가 현재 415만 9,000명임을 감안하면 자영업자 10명 중 1명은 스마트스토어 판매자란 의미다. 스마트스토어는 누구나 쉽게 창업할 수 있지만 그만큼 경쟁이 치열한 곳이다. 상품 판매로 많은 수익을 얻기 위해선 결국 누가 좋은 물건을 얼마나 저렴한 가격에 판매하느냐에 달렸다.

하지만 대부분의 스마트스토어 판매자들은 제조사가 아닌 개인이기에 주로 위탁판매나 구매 대행 같은 형태의 사업으로 시작하는 경우가 대부분이고, 이런 형태의 판매는 다른 판매자와 상품이 중복될 확률이 높아져 치킨 게임으로 치닫게 된다. 이렇게 되면 상품은 스마트스토어 판매자들이 판매하고 있는데 그 수혜는 결국 제조사와 네이버에게만 돌아가는 경우가 발생된다. 이런 점에서 우리는 직접 키운 농산물을 판매하는 형태이니 몇 단계의 유통과정을 거치는 판매자들과 비교했을 때 가격 경쟁력 측면에서 큰 이점을 지니고 있다고 할 수 있겠다.

네이버 쇼핑라이브는
중소상공인 판매자를 위한 플랫폼

네이버의 장점을 1가지 더 꼽자면 네이버 쇼핑라이브는 점점 치열해지는 이커머스 시장에서 사업 규모가 작은 중소상공인 판매자를 위한 플랫폼으로 자리매김하고 있다는 것이다. 사실 쇼핑 채널은 대기업에게 유리한 것이 사실이다.

그러나 네이버 쇼핑라이브가 소상공인과의 상생에 주력하겠다는 의지를 발표했고, 실제로 「2021 네이버 D-커머스 리포트」에 따르면 쇼핑라이브를 진행한 스마트스토어의 매출은 쇼핑라이브를 하지 않은 스토어에 비해 평균 판매량과 매출이 각각 49%, 48% 증가했다는 사실을 알 수 있다.

또한 라이브 방송 이후에도 유입되는 방문자가 47% 증가했고, 이를 통해 방송에 소개되지 않았던 상품의 판매량과 매출이 각각 39%, 37%가 증가했다는 점을 미루어 보아 네이버 쇼핑라이브는 온라인 판매자셀러들에게 단비와 같은 존재임은 틀림없다.

네이버 쇼핑라이브
시작하기

우선 네이버 쇼핑라이브를 시작하기에 앞서 잠시 네이버 쇼핑라이브 사례를 살펴보자. 작년 네이버 쇼핑라이브를 통해 삼성전자의 갤럭시 Z 폴드 3 언팩 영상이 공개된 적이 있다. 1시간 남짓한 행사에 참여자 총 143만 명, 좋아요 232만 개, 댓글 6만 8,000여 개가 달렸고 갤럭시 Z폴드 3 사전예약은 '완판'됐다.

마장동에서 한우를 판매하던 사장님은 라이브 방송에서 한우 발골을 하자 소비자들의 재밌다는 반응으로 큰 관심을 받았다. 지금은 일주일에 2~3번의 라이브 방송을 진행하는데 온라인 매출이 이미 오프라인의 매출을 넘어섰다.

대기업보다 소상공인의 사례가 더욱 가슴에 와 닿는 건 소상공인의 사례가 곧 나의 사례가 될 수 있다는 희망에서다. 현재 쇼핑라이브 판매자 중 소상공인의 비중이 85%를 차지하고 있다고 한다.

네이버 쇼핑라이브는 2021년 11월 말 기준으로 누적 시청 7억 뷰, 누적 거래액 5,000억 원을 달성했다. 정식 출시 1년 4개월 만의 성과다.

네이버 스마트스토어
등급 기준 충족하기

네이버 쇼핑라이브는 '오픈라이브'와 '기획라이브'로 구분된다. 오픈라이브는 일정 자격이 주어진 온라인 판매자라면 시간과 장소 상관없이 자유롭게 진행할 수 있는데 여기서 말하는 자격이란 스마트스토어 등급 기준에 충족해야 함을 의미한다.

스마트스토어는 최근 3개월의 판매 활동 실적을 집계해 판매 건수와 판매 금액에 따라 씨앗 단계부터 플래티넘까지 총 6단계 등급으로 구분한다. 이 가운데 최소 새싹 등급 이상의 조건을 갖추면 '네이버 쇼핑라이브 앱'과 '스마트스토어센터 앱'에서 실시간 라이브 방송을 진행할 수 있는 자격이 주어진다.

네이버는 기본적으로 경쟁력 있는 상품과 꾸준한 스마트스토어 운영을 추구한다. 따라서 네이버 쇼핑라이브에서 상품을 판매할 계획이라면 스마트스토어를 꼭 시도해보길 추천한다.

판매자님의 거래 규모에 따라 구간별로 등급명이 표기 됩니다.
사용자들이 믿고 구매할 수 있도록 네이버 쇼핑 및 스마트스토어 판매자 정보 영역에 아이콘이 표기됩니다.

	등급표기		필수조건	
등급명	아이콘 노출	판매건수	판매금액	굿서비스
플래티넘		100,000건 이상	100억원 이상	조건 충족
프리미엄		2,000건 이상	6억원 이상	조건 충족
빅파워		500건 이상	4천만 이상	-
파워		300건 이상	800만원 이상	-
새싹	-	100건 이상	200만원 이상	-
씨앗	-	100건 미만	200만원 미만	-

- 산정 기준 : 최근 3개월 누적 데이터, 구매확정 기준(부정거래, 직권취소 및 배송비 제외)
- 등급 업데이트 주기 : 매월 2일 (예) 10월 등급 산정 기준 : 7월~9월 총 3개월 누적 데이터 (월:1일~말일)
- 플래티넘과 프리미엄은 거래규모 및 굿서비스 조건까지 충족시 부여되며, 굿서비스 조건 불충족시 빅파워로 부여됩니다
- 새싹 및 씨앗 등급은 네이버 쇼핑 및 스마트스토어 사이트에서도 등급명 및 아이콘이 노출되지 않습니다

네이버 스마트스토어 등급 조건

쇼핑라이브 송출 가능
앱 설치하기

등급이 충족됐다면 이제 쇼핑라이브 송출 가능 앱을 설치해야 하는데 위에서 말한 '쇼핑라이브스튜디오 앱'과 '스마트스토어센터 앱' 그리고 '프리즘'이라는 앱을 설치하면 된다. 쇼핑라이브스튜디오 앱과 스마트스토어센터 앱은 동시에 연동이 가능하다. 하지만 스마트스토어센터

앱은 라이브 진행만 가능하고 쇼핑라이브스튜디오 앱은 지난 라이브 목록과 채팅 관리자 등록까지 가능하다는 이유로 네이버에서도 쇼핑라이브스튜디오 앱을 사용하기를 권장하고 있다.

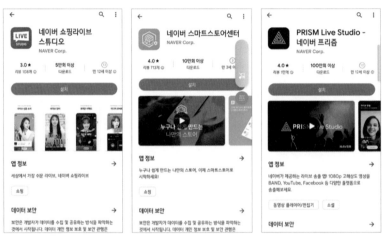

네이버 쇼핑라이브 스튜디어
앱 설치

네이버 스마트스토어센터
앱 설치

네이버 프리즘
앱 설치

라이브 쇼핑 진행 횟수에 대한 제한은 없지만 동일한 제품은 일 1회만 진행

라이브 쇼핑의 진행 횟수에 대한 규정은 없다. 따라서 하루에 라이브 방송을 수차례 해도 무관하지만 동일한 상품을 반복 진행시 라이브 노출에 제한되므로 동일한 제품은 일 1회만 진행해야 된다는 점을 꼭 숙지하길 바란다. 참고로 라이브 방송을 기획하고 준비하고 리허설까지 마친 다음 실제 방송까지의 과정은 하루에 한 번이면 충분하다.

여기서 1가지 염두에 둬야 할 것은 쇼핑라이브는 모바일 기기에서만 송출된다는 점이다. 더불어 최소 10분에서 최대 120분 동안의 방송을 진행하기 위해서는 가급적 2018년도 이후에 출시된 iOS 12아이폰 6s 또는 Android 9갤럭시 S9 이상의 최신 스마트폰을 사용해야 한다. 그래야 원활하게 방송을 진행할 수 있다.

○○○	방송하기 전 스마트폰에서 점검해야 할 사항	↓ ⋮

∨ 잔여 용량 500MB 이상 확인

∨ 스마트폰 네트워크(유선, Wifi, LTE 확인)

∨ 방해금지모드 설정

∨ 재난문자차단 설정

∨ 무음모드 설정

네이버에서 '기획라이브'를 신청하는 2가지 방법

이쯤에서 기획라이브에 대한 궁금증을 풀어보자. 오픈라이브가 스마트스토어 판매자 등급이 충족되어야 한다는 조건이 있었다면 반대로 기획라이브는 이러한 등급에 제한 없이 쇼핑라이브를 진행할 수 있다.

기획라이브를 신청하는 방법에는 크게 2가지가 있다. 첫 번째는 '네이버 쇼핑윈도 공식 블로그 활용하기'다. 네이버 쇼핑윈도 공식 블로그에

네이버에서 기획라이브를 신청하는 첫 번째 방법인
'네이버 쇼핑윈도 공식 블로그 활용하기'

네이버에서 기획라이브를 신청하는 두 번째 방법인 '제휴제안 활용하기'

선 주기적으로 제안 안내가 공지되는데 그것을 살펴보고 자신에게 맞는 제안을 선택한 후 기한 내에 제안서를 제출하는 방법이다. 블로그 내에 첨부된 양식에 따라 제안서를 작성하면 되는데 각 제안서마다 상품군과 요구사항들이 있으니 이 점을 꼭 확인해서 제안서를 작성해야 한다.

두 번째는 네이버 사이트에서 '제휴제안 활용하기'다. 제휴제안을 통해 제안을 하는 방법으로, 제휴 희망 사이트와 제휴 구분을 각각 네이버, 네이버 쇼핑라이브로 선택한 다음 관련 자료와 함께 제출하면 된다.

최근 네이버 쇼핑라이브의 스마트스토어 판매자 등급이 하향됨에 따라 네이버 쇼핑라이브의 경쟁이 더욱 치열해졌다. 따라서 상품이 충분히 확보되어 있고, 가격 경쟁력도 갖추고 있는 농업인은 이런 기획전에 참여하는 것 또한 좋은 전략이 될 수 있다.

지금까지의 내용을 정리하자면 아래와 같다.

○○○　　　　　　　　　　　　　　　　　　　　　　↓ ⋮

∨ 스마트스토어 판매자 등급 확인→앱 다운 받기
　→라이브계정 로그인→라이브 방송 시작
∨ 스마트스토어 판매자 등급 미달시
　→네이버 쇼핑윈도 공식 블로그 제안 안내 지원
　→네이버 홈페이지 제휴제안 신청

네이버 쇼핑라이브의 큰 장점은
수수료 체계

네이버 쇼핑라이브의 큰 장점 중 하나는 수수료 체계에 있다. 스마트스토어는 매출 규모에 따라 2.2~3.63%대의 수수료율이 책정되어 있지만 쇼핑라이브의 경우 라이브 매출 연동 수수료 3%와 주문 관리 수수료가 합산되어 5.2~6.63%의 수수료가 과금된다. 기존의 스마트스토어 판매수수료보다는 비교적 조금 높은 편이지만 라이브 방송 시스템에 대한 수수료라고 이해하면 되겠다.

성공적인 라이브커머스는 플랫폼의 이해와 더불어 이러한 플랫폼을 얼마나 효율적으로 활용할 것인가에 달려 있다. 주요 플랫폼을 이해하고 나의 상품과 가장 어울리는 플랫폼은 어디인지를 파악한 다음 소비자들에게 환영받을 상품과 적절한 마케팅 요소가 첨가된다면 농업인도 분명 라이브커머스 세상 속에서 기대 이상의 결과를 얻을 수 있을 것이다.

네이버 쇼핑라이브의 새로운 서비스
'숏클립'

틱톡, 인스타 릴스, 유튜브 숏츠 등과 같은 숏폼 콘텐츠의 인기가 치솟는 상황에서 네이버도 새로운 서비스 '숏클립'을 출시했다. '숏클립'이란 10초에서 최대 2분 가량의 짧은 영상을 통해 상품을 소개하는 방식이다.

네이버 쇼핑라이브 숏클립으로, 라이브 예고와 이벤트 등을 알리는 데 많이 활용한다.

　　라이브 송출 권한이 있는 판매자라면 이용 가능한 서비스로 상품을 소개하는 용도뿐만 아니라 라이브 예고, 이벤트, 상세페이지 본문 첨부 등 다양하게 활용할 수 있다. 1시간의 라이브 방송이 어렵다면 2분 이내의 숏클립에 도전하는 것은 어떨까? 1일 최대 100개까지 등록이 가능한 숏클립을 통해 라이브 방송을 연습하는 것도 좋은 방법이다.

④ 카카오 쇼핑라이브 알아보기

카카오 쇼핑라이브는 별도의 앱을 설치하지 않고 카카오톡 앱을 통해 라이브 방송을 시청할 수 있다. 카카오는 네이버와 운영 면에서 조금 다른 성격을 띠고 있다. 네이버가 하루에 500회 이상의 라이브 방송을 진행하는 반면 카카오는 시간대별 스케줄에 맞춰 하루에 5회 내외의 라이브 방송을 진행하고 있다.

카카오와 네이버의
쇼핑라이브 운영 차이점

카카오 쇼핑라이브는 네이버 쇼핑라이브에 비해 '폐쇄형 전략'을 구사한다. 이렇게 콘텐츠 수에서 월등한 차이가 나는 이유는 네이버는 브랜드사와 기획한 방송보다는 중소상공인 참여를 이끌어내는 이른바 '개방형 라이브커머스'에 초점을 맞추고 있기 때문이다. 실제로 네이버는 전체 방송의 55% 이상이 중소상공인의 라이브 방송이 차지하고 있다.

네이버가 중소상공인의 자율적인 참여와 기획라이브를 병행한다면 카카오 쇼핑라이브는 철저하게 기획된 방송만을 추구한다. 제작부터 송출까지 모든 과정을 직접 카카오에서 주관하며 '고품질' 콘텐츠 만들기에 주력하고 있다. 따라서 카카오를 통한 상품 판매를 원한다면 우선 카카오 홈페이지에서 제휴 제안을 등록하고 담당자들의 검토를 거친 후 승인이 나기를 기다려야 한다. 그렇다 보니 카카오 쇼핑라이브는 주로 대형 브랜드 제품 중심의 방송이 진행되는 편이다.

작년 크리스마스 케이크 라이브 방송에서는 시청 횟수 22만 회와 11억 원의 매출을 올렸다는 자료를 통해 유추할 수 있는 점은 카카오 쇼핑라이브 입점이 까다롭지만 그 성과는 확실하다고 볼 수 있다. 하지만 중

카카오 쇼핑라이브 입점 절차

소형 온라인 판매자들에게 진입 장벽이 높다는 점은 아쉬운 부분이다.

카카오 라이브쇼핑 일정으로, 카카오는 대형 브랜드 제품 중심의 방송이 진행된다.

카카오 쇼핑라이브의
판매수수료

방송의 퀄리티를 중요하게 생각하는 카카오가 네이버에 비해 방송 횟수의 효율성은 떨어지나 영상의 질적인 측면에서는 앞서고 있다. 카카오 쇼핑라이브의 모든 방송은 전문 스튜디오에서 제작되고 있다. 고품질 영상 속에서 수준 높은 전문 MC와 인플루언서가 출연하고, 분야별 전문가에 의해 기획된 상품 진열 및 매끄러운 진행 등을 보고 있으면 마치 홈쇼핑을 보고 있는 느낌을 받게 된다. 여러 전문가들의 손을 거친 만큼 판매수수료가 10~20%로 높아진다는 게 단점으로 지적되기도 하지만 홈쇼핑의 수수료율이 30%인 것에 비하면 카카오 쇼핑라이브의 수수료도 저렴하게 느껴진다.

프리미엄 전략을 내세운 카카오 쇼핑라이브

'프리미엄 전략'의 카카오 쇼핑라이브가 방송당 평균 거래액이 1억 원이라는 점을 고려하면 안정된 브랜드를 보유한 판매자에겐 매출에 좋은 기회가 될 것임은 틀림없다.

월간 활성 이용자MAU* 수가 4,566만 명을 육박하는 카카오는 우리나라 국민들에게 가장 친밀한 생활밀착형 플랫폼이다. 지금은 양보다 질을 추구하는 전략을 내세우고 있지만 분명 대중화 전략으로 방향을 전환할 것이라고 예상한다. 이를 뒷받침하는 근거도 있다. 2021년 12월 카카오가 1,800억 원을 투자해 라이브커머스 스타트업 기업인 '그립'을 인수한 것이다. 다음 장에서 설명하겠지만 카카오 쇼핑라이브가 잘 차려

---

* Monthly Active Users. 한 달 동안 해당 서비스를 이용한 순수한 이용자의 수를 말한다. 게임이나 인터넷 기반 서비스에서 해당 서비스를 얼마나 많은 사용자가 실제로 이용하고 있는지를 나타내는 지표 중에 하나로 활용한다.

진 코스 요리라면, 그립은 푸드코트에서 다양하게 맛볼 수 있는 음식과 같다. 그만큼 두 플랫폼의 성격은 확연히 다르다.

대중들은 소통이 원활하고 친근한 이미지의 라이브커머스를 원하고 있다. 이를 카카오가 놓칠 리가 없다고 생각한다. 국민 메신저 카카오의 이러한 행보는 대중들에게 더 친숙하게 다가오기 위한 발걸음이라 생각되며 카카오 쇼핑에서도 다양한 판매자들이 소비자들과 소통하는 모습을 기대해본다.

⑤ 그립 라이브 알아보기

전 세계적으로 라이브커머스에 대한 비전이 명확해지는 가운데 네이버, 카카오와 같은 빅테크 기업들이 라이브커머스를 정조준하는 것은 당연한 이치라고 본다. 하지만 새로운 시장에 대한 기대감과 동시에 라이브커머스 시장에서도 공룡기업들의 독식 체제가 이어지지 않을까 하는 우려의 목소리도 높아지고 있다. 이러한 논란 속에서 일부 전문가들은 몇몇의 대형 기업을 제외하고는 라이브커머스 시장에서 경쟁력을 갖추기 어려울 것이라고 전망하고 있다.

**뜨거운 감자가 된 라이브커머스의 강자,
그립**

이렇게 춘추전국시대를 맞이한 라이브커머스 시장에서 2018년 8월 창립한 국내 라이브커머스 스타트업 기업인 '그립'의 활약은 놀라울 정도다. 처음 반년 동안 50명의 온라인 판매자도 모집하기 힘들었던 그립이었지만 2019년 2월 서비스를 정식으로 출범한 후 1만 8,000여 명 이상의 온라인 판매자와 하루 653회의 방송, 1,000억 원 이상의 누적 거래액을 보여주면서 그립은 우리나라 대표 라이브커머스 플랫폼이 되었다.

이러한 성장세를 눈여겨본 카카오가 1,800억 원이라는 금액을 투자해 그립을 인수했다. '날것'을 추구하는 그립과 '프리미엄'을 추구하는

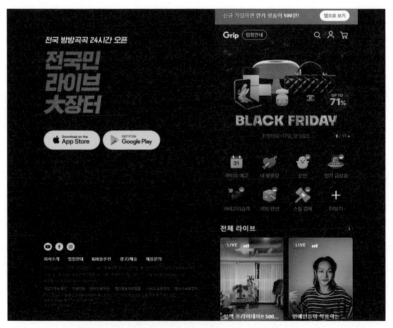

2018년 8월 창립한 국내 라이브커머스 스타트업 기업인 '그립'은
라이브커머스의 강자가 됐다.

카카오가 만나 어떠한 시너지를 낼지 귀추가 주목되는 가운데 그립에서 활동하는 판매자들도 조만간 카카오 플랫폼에서 쇼핑라이브를 진행할 수 있지 않을까 기대해본다.

사업자등록증만 있으면 가능한
그립의 입점 신청 과정

네이버 쇼핑라이브와 카카오 쇼핑라이브를 이해했다면 그립은 더욱 빠르게 적응할 수 있다. 그립 앱을 설치한 후 로그인 절차를 마친 다음 우측 하단의 'MY 탭'을 누르면 입점과 그리퍼gripper 신청을 할 수 있다.

우선 입점 신청에 대해 알아보자. 매우 간단하지만 필수적으로 사업자등록증이 필요하다. 입점 신청을 위해 브랜드와 상호명, 이메일, 사업자번호를 입력한 뒤 상품 소개란에 대표 카테고리와 온라인 판매 인터넷 주소URL, 브랜드 소개를 적은 후에 입점을 신청하면 된다. 만약 온라인 판매 인터넷 주소가 없다면 오프라인 매장에 대한 설명을 추가하면 된다.

입점 신청 후 3~4일 이내에 입점 승인 안내 메시지를 받은 후 판매자 센터를 통해 필요한 정보 입력과 상품 등록을 한 뒤 라이브 방송을 시작하면 된다.

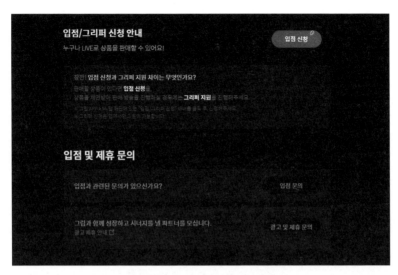

그립의 그리퍼나 입점 신청은 간단하다.

그립에서 입점 신청을 누르면 간략하게 개인이나 회사 정보를 기입하는 창이 뜨고 항목에 맞게 입력한 뒤 보내기를 누르면 된다. 그리퍼 신청도 마찬가지다.

광고 및 제휴 문의도 간략하게 개인이나 회사 정보를 기입하는 창이 뜨고 항목에 맞게 입력한 뒤 보내기를 누르면 된다.

그립 앱 가입 및 입점 신청(사업자등록증 소지) →
입점 심사(3~4일 소요) →
PC 판매자센터 기본정보 및 상품 등록(수수료 확인) → 방송 시작

이익을 창출하는 데 도움을 받을 수 있는 그리퍼,
다만 수수료는 추가로 부담

이제 입점 신청시 보이는 그리퍼에 대해 알아보자. 그리퍼는 그립에서 활동하는 전문 방송 크리에이터와 인플루언서들을 칭하는데 보통 유명 연예인들과 방송인들이 활동하는 편이다. 온라인 판매자가 판매 진행자를 기용해 방송을 진행하고 싶은 경우에 그리퍼 신청을 하면 되지만 그만큼의 수수료가 추가된다. 그립에선 판매자가 의뢰하는 상품과 브랜드에 어울리는 그리퍼를 자체적으로 매칭해주는데 그에 대한 기본 수수료를 12%로 책정하고 있다. 이는 판매수수료와 방송수수료를 합산한 것이다.

만약 그리퍼를 통해 방송 판매를

그립에선 누구나 그리퍼 지원이 가능하지만 그리퍼로서의 재능을 펼칠 매체 경력이 필요하다.

185

진행할 경우 5~15%의 수수료를 추가로 부담해야 한다.

그립의 판매자들은 대부분 제조사나 생산자가 아니기에 그리퍼를 통한 판매가 부담스러울 수 있지만 농업인은 직접 생산한 상품이 있고 수수료를 감수하더라도 이익을 창출할 수 있다면 전문 그리퍼를 활용하는 것도 좋은 판매 전략이라고 볼 수 있다. 유명 연예인이 그리퍼로 출연해준다면 그 자체만으로도 마케팅 효과를 얻을 수 있다는 점에서 긍정적인 효과로 작용할 수 있다.

그리퍼 지원은 누구나 할 수 있지만 그리퍼가 되기 위해선 SNS 채널 등으로 자신을 어느 정도 증명해줄 매체가 필요하다. 따라서 인플루언서들이 그리퍼로 활동하는 경우가 대부분이다.

쇼핑을 놀이로 바꾼
그립의 쇼핑 전략

그립은 여느 라이브 방송보다 판매자와 시청자 간의 소통이 활발하고 자유분방하다. 방송 중간중간에 선착순, 경매, 추첨 등 특허를 취득한 6가지 게임 기능을 활용하다 보니 어느새 쇼핑이 놀이가 됐다. 말 그대로 '쇼핑 놀이'다.

라이브커머스는 '판매'보다 '친해지기'가 우선이라는 법칙을 그립의 판매자들은 잘 알고 있는 듯 보인다. 판매자들의 상당수는 의류와 식품 위주의 상품을 다루는데 라이브 방송에 참여하면 실제 매장에 들어온 손님처럼 친근하게 반겨준다. 어떤 곳은 물건을 판매하지 않고 서로의 근황에 대해서만 이야기하다가 끝나기도 한다. 한 개그맨은 방송에서 상품을 판매하지 않고 운동하는 모습만 보여주기도 했다. 이럴 때마다 그립은 쇼핑을 위한 곳인지 개인 방송을 하는 곳인지 판단이 서지 않을 때도 있지만 정형화된 빅테크 기업과는 다른 스타트업 기업이기에 가능한 유연함이라고 볼 수 있다.

그립,
유튜브와 손을 잡다

지난 10월 그립은 유튜브와 파트너십을 체결했다. 이는 유튜브에 그립 라이브 방송을 동시 송출함으로써 더 많은 이용자에게 홍보하여 매출 상승을 도모하겠다는 전략이다. 그립은 본격적으로 '그립 유튜브 크루 모집'을 시작했고, 선발된 온라인 판매자들에게는 유튜브 쇼핑 카테고리에 우선 노출되는 기회와 더불어 유튜브 섬네일 및 숏츠 제작 지원 등 다양한 혜택을 제공하기로 발표했다. 유튜브는 글로벌 기업이다. 그립이 유튜브와 파트너십을 체결했다는 의미는 그립 역시 글로벌 진출의 초석을 다지겠다는 뜻으로 보인다.

⑥ 쿠팡 라이브 알아보기

라이브커머스 시장의 미래를 내다본 네이버와 카카오가 라이브커머스에 뛰어들자 쿠팡 역시 라이브커머스에 도전장을 내밀었다. '로켓배송'으로 유통의 혁신을 불러온 쿠팡은 우리나라 전 세대를 아울러 가장 많이 사용되는 쇼핑앱이다. 2022년 3분기 쿠팡 활성 고객(제품을 한 번이라도 구매한 고객) 수는 무려 1,799만 2,000명에 달했다.

판매자로 하여금 라이브커머스가 주는 가장 큰 효과는 무엇일까? 바로 나의 상점과 상품 노출에 있다. 상품을 얼마나 많은 사람들에게 상위에 노출시킬 수 있느냐가 판매 성과에 큰 영향을 미치기 때문이다.

4억 종에 달하는 상품을 판매하는
쿠팡 마켓플레이스

쿠팡 마켓플레이스 판매 상품이 '4억 종'이라는 기사를 보면서 여기에서 살아남기 위해서는 어떻게 해야 할까에 대해 자문한 적이 있었다. 판매되는 상품의 실제 가치에 대한 검증은 그 상품이 판매됐을 때 알 수 있는 것인데 2020년 12월 기준 20만 명이었던 판매자 수에서 1년 사이에 중소상공인 판매자만 154% 증가했고, 그에 따른 상품 수는 810%가 증가했다. 최소의 비용으로 시작할 수 있다는 온라인 마켓의 장점 덕분에 하루가 다르게 그 규모는 커지고 있는 중이다.

여기서 1가지 재미있는 사실이 있다. 쿠팡에서 판매자가 하루에 등록할 수 있는 상품의 수는 몇 개일까? 5,000개다. 그런데 월 매출액 4,000만 원 이상이면 등록 가능한 상품 수의 제한이 없다. 대부분의 사람들은 하루에 5,000개의 상품을 업로드한다는 것을 믿지 못한다. 통신판매업을 발급받기 위해 상담했던 시청 직원도 믿지 못했다.

하지만 이는 아직 세상 물정 모르는 이야기다. 단편적인 예로 '미서씨 유튜브「잘나가는 서과장」의 상품 업로드 프로그램'를 쓰면 5,000개가 아닌 그 이상도 가능하다. 그런데 여기에서 끝이 아니다. '미서씨' 프로그램을 이용하면 쿠팡뿐만 아니라 다른 온라인 마켓에서도 동시에 수천 개의 상품 업로드가 가능하다.

쏟아져 나오는 상품더미에서
내 것을 노출시킬 수 있는 방법

쏟아져 나오는 상품에서 내 것을 잘 노출시킬 수 있는 방법이 있을까? 바로 라이브커머스다. 라이브커머스에서 기대할 수 있는 가장 큰 장점은 여기에 있다. 우선 텍스트 위주의 상세페이지를 벗어나 이목을 집중시킬 수 있고, 지속적인 라이브 방송을 통해 내 상품과 브랜드를 알릴 수 있다는 것이다.

쿠팡 라이브를 시작하는 데 앞서서 라이브커머스의 이점을 장황하게 설명하는 이유는 '너도나도 라이브커머스에 뛰어드니 나도 라이브 방송을 해야겠다'가 아니라 라이브커머스를 통해 어떤 목적을 달성할 수 있을지에 대한 생각을 정리하기 위함이다. 판매자의 입장에서 라이브커머스는 나의 상품과 브랜드를 지속적으로 알려서 결국 경쟁력과 판매율을 높이기 위함이라는 것을 꼭 기억하자.

라이브 방송의 초보라면
판매자 가입부터 시작

이제 우리나라 쇼핑앱 1위인 쿠팡의 '쿠팡 라이브'에 대해 알아보자. 쿠팡 라이브를 시작하기에 앞서 내가 벤더판매자*인지 크리에이터인지 기준을 세워야 한다. 쿠팡의 모든 판매자는 쿠팡 라이브를 통해 자신의

*   vendor. 다품종 소량 도매업을 말하는데 우리말의 행상에 해당한다.

상품을 판매할 수 있으니 아직 쿠팡에 입점하기 전이라면 판매자 가입부터 해보자.

쿠팡 판매자를 가입했다면 이제 쿠팡 라이브 벤더와 쿠팡 크리에이터에 모두 지원이 가능하다. 아직 라이브 방송의 초보자로서 크리에이터 지원을 하더라도 곧바로 성과를 내기에는 다소 어려울 수 있으니 둘 중 하나만 선택해야 한다면 당연히 판매자 가입을 추천한다.

라이브 방송의 초보라면 우선 판매자 가입부터 해야 한다.

쿠팡 라이브 벤더 가입 신청서

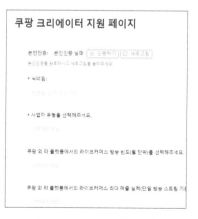

쿠팡 크리에이터 지원 신청서

셀프 라이브와 크리에이터 마켓플레이스 라이브,
프리미어 라이브의 차이점

쿠팡 라이브 방송에는 3가지 종류가 있는데 셀프 라이브, 크리에이터 마켓플레이스 라이브, 프리미어 라이브가 그것이다. 셀프 라이브는 자신이 직접 라이브 방송을 진행해서 상품을 판매하는 것이고, 크리에이터 마켓플레이스 라이브는 쿠팡에 등록된 전문 크리에이터가 라이브 방송을 진행하면서 상품을 판매하는 것이다. 마지막으로 프리미어 라이브는 로켓배송인 경우 담당 브랜드 매니저 또는 라이브 매니저가 라이브 방송을 진행하면서 상품을 판매하는 형태다. 종류마다 장단점이 있기에 자신의 상황과 판매 전략에 맞춰 라이브 진행 방식을 선택한다면 더 효과적인 성과를 거둘 수 있을 것이다.

사실 판매자와 상품의 과잉 시대인 지금 경쟁력 있는 상품을 보유하

쿠팡 라이브를 시작하려면 우선 판매자 가입 신청을 완료해야 한다. 그런 다음 상품을 등록하고, 자신에게 맞는 방송 타입을 선택하고, 라이브 방송을 진행하면서 상품을 판매한다.

고 있다는 것만으로도 큰 무기가 된다. 상품 품질만 보증된다면 여러 루트를 통해 판매가 가능하다. 여기서 내가 강조하고 싶은 것은 라이브커머스가 우리의 수단이지 목적이 아니라는 것이다. 우리 농업인은 애지중지 땀 흘려 키운 농산물을 제값에 판매할 수 있는 방안을 찾고자 라이브커머스를 활용하는 것이다. 굳이 크리에이터가 될 필요는 없다. 그러니 조금은 서투르더라도 여유 있게 방송에 임하는 것이 농업인이 가진 장점을 발산하는 한 방법이다.

쿠팡에서 셀프 라이브
시작하기

네이버, 카카오, 그립에서 라이브 방송에 대한 감을 익혀왔다. 이제 마지막 관문인 쿠팡 라이브에서 상품을 팔고 있는 자신을 상상해보면서 '셀프 라이브'에 대해 알아보도록 하자.

셀프 라이브는 판매자가 연출부터 출연까지 모든 것을 직접 준비하는 라이브 방송이다. 쿠팡에 등록된 크리에이터를 섭외하지 않는다면 직원 및 다른 쇼호스트를 섭외해서 함께 방송을 진행하는 것도 가능하다. 방송 시간은 최소 30분이지만 내 상품을 충분히 홍보하고 구매자에게도 구매할 수 있는 충분한 시간을 제공한다는 측면에서 1시간 정도의 방송 진행을 권장한다.

방송을 진행하면서 소비자와 소통하다 보면 어느새 각 지역의 단골 손님들이 하나둘 늘어나는 모습을 볼 수 있다.

판매자 회원 가입 → 라이브 방송 상품 선택 →
크리에이터 계정 연동 → 방송 예약/송출

감귤을 판매하는 데 있어 매출 500% 향상시킨 사례로 알려진 쿠팡의 셀프 라이브

쿠팡에서 크리에이터 마켓플레이스 라이브
시작하기

　쿠팡의 또 다른 라이브 진행 방법으로 '크리에이터 마켓플레이스 라이브'에 대해 알아보자. '크리에이터 마켓플레이스'란 판매자가 쿠팡에

등록된 크리에이터를 검색하고 선정하여 라이브 방송을 요청하도록 만들어놓은 라이브 서비스다. 크리에이터가 수락했다면 방송에 대한 내용을 합의한 후 라이브 방송을 진행하면 된다.

결국 '셀프 라이브'와 '크리에이터 마켓플레이스' 이 둘의 차이는 라이브 방송을 내가 직접 하느냐, 크리에이터가 하느냐. 물론 수수료도 다르다. 쿠팡 라이브 서비스는 판매액의 5%를 이용수수료로 정하고 있다.

단 크리에이터를 선정하여 라이브 방송을 진행할 시에는 크리에이터 수수료 및 출연료가 부과되는데 크리에이터를 요청할 때 크리에이터의 프로필에서 출연료와 수수료를 확인할 수 있다. 따라서 정해진 출연료와 수수료는 없는 것이다. 크리에이터의 실력에 따라 수수료가 달라진다는 점이 생소할 수 있지만 크리에이터 출연료와 수수료는 사전에 상호 간 충분히 협의가 가능한 부분이므로 합리적인 가격에서 방송을 진행할 수도 있다.

○○○　　　크리에이터 마켓플레이스 라이브 진행 순서　　　↓ ⋮

쿠팡 라이브 크리에이터 등록→크리에이터 마켓플레이스 등록→
라이브 진행 서비스 가격 설정→라이브 방송 요청 내용 확인→
판매자와 크리에이터 간 방송 내용 협의→라이브 방송 예약

⑦ 세상에 완벽함이란 없다

경기도 이천 장호원읍의 복숭아 명인이 운영하는 농장도 코로나-19의 영향을 빗겨 나가기가 어려웠다. 인력난에 코로나-19로 인한 오프라인 유통의 어려움까지 이중고를 겪고 있던 그에게 라이브커머스는 큰 힘이 됐다. 1시간의 방송에 3,500명의 시청자가 몰렸고, 이틀치 매출을 기록했다.

경기도 광주에서는 학교에 납품하기로 했던 수박이 사회적 거리두기 격상으로 전량 폐기될 뻔한 일이 있었지만 이번에도 라이브커머스를 통해 순식간에 한 달치 매출을 기록했다.

이외에도 각 지역마다 라이브커머스가 농가 소득 향상에 도움이 됐다는 많은 사례들이 있다. 이러한 유의미한 사례들이 쌓이자 많은 농촌 지자체에서는 정보화 교육의 일환으로 라이브커머스 교육을 편성하기 시작했다. 기존의 정보화 교육이 유튜브와 블로그를 활용한 마케팅 또

라이브커머스로 매출을 올린 이천의 복숭아 농가와 수박 농가를 취재한 MBC「뉴스투데이」.
2021년 8월 18일 방송됐다.

는 전자상거래 교육이 주를 이뤘다는 점에서 방향이 달라지고 있음을
알 수 있다. 시간이 지날수록 농촌의 라이브커머스 바람은 거세질 것이
라 예상된다.

완벽해지려 할수록
끝이 보이지 않을 수도 있는 법

앞의 사례처럼 발 빠르게 대처한 농가들이 있는가 하면 그 외의 많은
농가들은 아직 라이브커머스를 시도조차 하지 못하는 실정이다. 얼마
전 파프리카 농장을 운영하시는 분과 대화를 나눈 적이 있었는데 그분
말씀으로는 옆 동네 사람이 라이브 방송을 했는데 전혀 효과가 없었다
며 이걸 해야 되는지 고민이라고 하셨던 기억이 난다. 라이브커머스를 시
도하지 못하는 원인은 시설, 장비, 인력 등의 인프라 부족이 아니었다. 오
히려 내가 라이브 방송을 할 수 있을까에 대한 의문이 라이브커머스를

망설이게 만드는 가장 큰 요인이었다.

라이브커머스를 하는 대부분의 사람들은 자신들의 라이브 방송이 성공 사례로 기억되길 바란다. 그러다 보니 모든 준비를 완벽하게 갖춘 상태에서 시작하려는 경향을 보일 때가 많다. 하지만 알다시피 완벽해지려 애쓸수록 그 끝은 보이지 않기 마련이다.

만약 상품을 준비하는 기획 단계부터 판매까지의 모든 절차를 완벽하게 준비한다면 라이브커머스에서 큰 매출을 일으킬 수 있을까? 그럴 수도 있고, 아닐 수도 있다.

내 상품을 노출하는 좋은 방법은 라이브커머스

아닐 수도 있다면 라이브커머스를 왜 해야 할까? 요즘 대부분의 농가는 스마트스토어나 쿠팡과 같은 온라인 쇼핑몰을 운영하고 있다. 앞에서 강조했지만 경쟁력 있는 상품을 보유하고 있는 상태에서 가장 중요한 것은 내 상품을 노출하는 것이다.

네이버 스마트스토어를 운영하기 위해서는 'SEO Search-Engine Optimization 최적화'에 대해 어느 정도 인지하고 있어야 한다. 내가 네이버 스마트스토어에서 딸기를 판매하고 있는데 소비자가 딸기를 검색했을 때 상위에 노출되기 위한 방법의 가이드라고 생각하면 편하다.

네이버 쇼핑의 상품 검색 알고리즘은 적합도, 인기도, 신뢰도에 기반한다. 각각의 항목에서 네이버가 요구하는 기준에 부합될수록 첫 페이

네이버 지식쇼핑에서 제공하는 검색이 잘되기 위한 좋은 상품 정보 매뉴얼

지에 노출될 수 있는 확률을 높여주겠다는 약속인 셈이다. 이러한 기준에서 봤을 때 라이브커머스는 '인기도'에 큰 영향을 미친다.

우선 내가 운영하고 있는 스마트스토어가 있다면 하루 방문자 수를 확인해보자. 위의 복숭아 농장의 사례처럼 라이브커머스를 통해 1시간에 3,500명의 시청자가 접속하고, 이 중 대부분이 복숭아 농장의 스마트스토어에 방문했다고 한다면 판매지수는 그만큼 상승하게 되는 것이다. 판매를 한 번이라도 해본 사람이라면 내 상점을 널리 홍보할 수 있다는 것이 얼마나 큰 의미인지 공감할 것이다. 많이 알려야 팔 수 있는 것이다.

또한 내 스마트스토어에 다른 상품들도 전시되어 있다면 추가 구매로 이어지는 기회가 될 수 있다. 라이브커머스는 이러한 전략으로도 활용이 가능한 것이다.

판매가 늘어나면 자연스럽게 판매자 등급도 오르게 되는데 이러한 등급은 판매자에게도 좋지만 구매자에게도 믿음을 주는 부분이다. 마치 배달 앱으로 음식을 주문할 때 음식점 메인 화면에서 '식약처 인증 가게', '위생 정보 가게'라는 타이틀이 붙어 있으면 더 안심하고 주문할 수 있는 것처럼 말이다.

때론 절박함보다 '아니면 말고' 식의 태도도 도움이 된다

다시 한 번 말하지만 라이브커머스는 우리의 목적이 아니라 수단이라는 점을 상기하길 바란다. 국가 기술자격증 시험도 60점 이상이면 합격이다. 라이브커머스를 시작하는 단계에서 완벽함을 추구하기보다 일주일에 한 번 출근하는 매장을 오픈했다는 생각으로 접근해보자. 가끔은 '아니면 말고'라는 생각도 필요한 법이다.

그러나 우리에게는 최고의 농산물을 소비자에게 전달하겠다는 사명감이 있다. 이것은 최고의 실력을 자랑하는 쇼호스트도 흉내 낼 수 없는 부분이다. 완벽한 방송 진행 실력보다 우리의 진정성이 소비자에게 더 깊게 전달될 수도 있다. 난 그렇게 확신한다.

🔟 라이브커머스 1단계 : 기획

하나의 상황을 가정해보자. 점심에 김치찌개를 먹기 위해 거리에 나왔다. 음식점 2곳이 보인다. A라는 음식점은 김치찌개를 비롯해 된장찌개, 육개장, 제육볶음 등 20가지가 넘는 메뉴가 있다. 반면에 B라는 음식점은 메뉴판에 오직 김치찌개만 있다. 김치찌개를 먹기 위해 어디로 가야 할까?

만약 우리가 이런 상황이라면 아마도 B음식점으로 발걸음을 향하게 될 것이다. 왜 그럴까? B음식점이 다른 음식점에 비해 김치찌개만큼은 전문성이 있을 거라는 기대감 때문이다. 실제로 맛도 좋았던 B음식점은 김치찌개 전문점으로 소문이 난 뒤 매장 내 진열대에 김치까지 판매하면서 매출이 10% 이상 올랐다.

B음식점 사장님은 처음부터 김치찌개 전문점을 할 생각이 없었다. A음식점처럼 여러 가지 메뉴로 장사를 하던 중 다른 음식점과의 차별성

을 두기 위한 고민 끝에 1가지 메뉴에만 집중하기로 기획했던 것이다. 김치찌개 또한 마찬가지였다. 그것으로 정할 생각이 없었던 B음식점 사장님은 김치찌개에 대한 손님들의 반응이 좋아 메뉴를 김치찌개를 정했다. 그리고 주요 고객도 김치찌개를 좋아하는 사람들로 정했다. 메뉴 구성을 1가지로만 하니 이전보다 더 저렴하게 재료를 공급해올 수 있었고, 마진도 조금씩 올라갔다. 성공적인 기획이었다.

농업인의 관점으로
라이브커머스를 기획한다면

이제 상황을 농업인의 관점으로 바꿔보자. 몇 개의 질문을 제시할 테니 하나씩 답을 생각해보자.

질문 1) 무엇을 팔 것인가?
질문 2) 누가 살 것인가?
질문 3) 왜 사야 하는가?

혹시 이 3가지 질문의 답에 '딸기', '소비자', '달고 맛있으니까'라는 식의 답을 생각했는가? 그래도 괜찮다. 이제부터 하나씩 정리해가면 된다.

앞에서 라이브커머스는 기존 홈쇼핑에 비해 소통과 재미를 겸비한 것이라고 강조했다. 하지만 라이브커머스는 예능 프로그램이 아니다. 우리의 목적은 상품을 판매로 연결하는 것이다. 상품은 우리가 준비하지만 지갑은 소비자가 연다는 것을 인지했다면 초점이 자연스럽게 판매자에서 구매자로 전환될 것이다. 기획은 여기서부터 출발이다.

라이브커머스로
무엇을 팔 것인가?

단순히 '논산 딸기', '영천 포도', '군산 가지'가 아니라 우리가 판매할 상품에 의미와 스토리를 입혀 한 줄로 표현해보자. 예를 들어 '농부의 발자국 소리를 듣고 자란 친환경 딸기', '유기농 박사의 껍질째 먹는 안심 포도', '셰프 출신 농부의 가지가지 레시피'로 정했다고 하자. 이렇게 상품에 스토리를 더하면 방송의 콘셉트도 정리가 될 수 있다. 이러한 과정은 소비자로 하여금 이미지를 떠올리게 하는 효과와 함께 내가 보고 있는 상품이 믿을 만한지에 대한 불안감을 내려놓게 만드는 힘이 있다.

사람이란 기본적으로 의심이 많은 동물 아니던가? 고작 한 줄이지만 나의 상품을 알리는 강력한 대표 문구가 될 수도 있고, 나아가 방송이 거듭될수록 나만의 브랜딩으로 자리잡을 수도 있다. 어떻게 해야 할지 잘 모르겠다면 '누가 어떻게 무엇을'이라는 간결한 콘셉트로 표현해보길 추천한다.

라이브커머스를 통해
누가 살 것인가?

만약 우리나라 소비자가 100명이라고 가정해보자. 100명 모두 내 상품을 구매해준다면 매우 좋겠지만 이는 쉽지 않은 일이다. 지금 이 시간 수많은 라이브커머스 플랫폼 중에서 내가 진행하는 라이브 방송에 들어와 내 상품을 사야 되는 사람은 누구일까? 100명 중 50명? 20명? 아니다. 1명이다.

우리는 1명의 고객을 두고 그 범위를 좁혀 나가는 연습이 필요하다. 이를 마케팅 용어로 '고객 세분화'라고 한다. 고객 세분화는 구매 전환율을 높이기 위한 전략이라는 점이 핵심이다. 메뉴가 20가지 이상인 음식점에서 김치찌개를 팔 확률과 김치찌개 전문점에서 김치찌개를 팔 확률은 확연히 다르다는 것을 생각한다면 이해하기 쉬울 것이다.

이제 내 상품의 고객을 한번 가정해보자. 혹시 지금 막연하게 40대 주부라고 생각하고 있는가? 그렇다면 좀더 세밀하게 떠올려보자. 아래의 상황에 있는 주부라고 말이다.

○○○　　　　　　　　　　　　　　　　　　　　　　↓ ⋮

월요일 아침 11시. 아침에 남편과 아이들의 밥을 챙겨주고 뒤늦은 밥을 먹은 뒤 설거지를 하고 있다. 코로나로 인해 바깥 활동이 쉽지 않아 주말에 집에만 있다 보니 아이들과 티격태격하는 날이 잦아졌다. 아이들과 주말에 딸기체험이라도 가고 싶었는데 예약 마감이 되어서 가지도

못했다. 딸기를 좋아하는 아이들이 눈에 밟힌다. 설거지를 하면서 쇼핑 라이브를 보고 있는데 딸기를 판매하고 있다. 방송 중에 딸기 이행시를 이벤트를 한다. 누군가 "딸 : 딸아, 네가 있어. 기 : 기쁘구나"라고 말해 이벤트에 당첨됐다. 딸기를 좋아하는 딸이 생각난다.

고객을 단순히 '40대 주부'라고 단정짓지 말고 위의 예시처럼 시간, 장소, 상황 등 여러 가지 요인을 염두에 둔 상태로 고객을 그려보는 것이다. 이렇게 고객을 세분화하는 이유는 마케팅 노력을 최소화하고 고객의 구매 동향을 예측할 수 있기 때문인데 무엇보다 이러한 준비들은 방송에서 스토리로 활용할 수 있다는 부분에서 큰 장점이 된다.

라이브 방송을 60분 동안 매끄럽게 이어가기란 여간 힘든 게 아니다. 방송을 시작해서 인사하고 상품을 설명하고 판매를 유도하는 구조로 60분을 진행하겠다는 것은 잘못된 생각이다.

우리는 60분을 잘게 쪼개어 스토리 구성을 해야 한다. 60분 중 50분을 설명하고 마지막 10분 동안 판매하는 게 아닌 60분을 10분 단위로 나누어 10분마다 스토리를 구성함으로써 고객들의 몰입도를 높여 이탈률을 방지해야 한다. 결국 60분의 방송에서 6번의 시나리오가 만들어지게 되고, 6번의 판매 행위가 일어나게 되는 것이다. 소구점*을 늘려갈수록 고객의 지갑이 열릴 수 있다.

* 어떤 제품이나 서비스의 특징 가운데 소비자의 흥미를 불러일으키거나 마음을 끄는 점을 말한다.

라이브커머스를 통해
왜 사야 하는가?

개인적인 성향이지만 나는 물건을 구입할 때 성분, 원산지 등을 꼼꼼하게 따지는 편이다. 그래서 마트에 가면 아내보다 더 오래 머무는 경우도 많다. 하지만 따지기만 하지 정작 물건을 사는 것도 아니기에 가끔 아내는 나 같은 사람만 있으면 우리나라 망할 거라며 핀잔을 주곤 한다. 변명하자면 사야 될 이유를 못 찾았기에 사지 않았을 뿐이다.

라이브 방송에서 판매자는 고객에게 "다른 곳도 많은데 왜 여기서 사야 하죠?"라는 질문에 답을 해야 한다. 예를 들어 판매자는 "지금 할인 이벤트를 하니 저렴하게 먹거리를 구입할 수 있다"라거나 "친환경 인증을 받은 농산물이라 안심하고 먹을 수 있다"와 같은 답변으로 고객에게 잘 구매했다는 만족감을 선사해야 한다. 즉, 구매자에게 구매의 명분을 심어주는 것이다.

식품에 관련된 질문에 답변을
미리 준비해서 활용해야

식품에 관련된 질문은 주로 배송과 포장, 인증 등에 대한 문의가 많은 편이나 그 외에도 예상치 못한 질문들이 많다. 그러니 이를 대비해 미리 예상 질문을 만들어놓는다면 아주 유용하게 사용할 수 있다. 그렇다면 예상 질문을 어떻게 만들 수 있을까? 온라인 쇼핑몰에 남긴 고객들의 후기를 이용하면 간단하게 만들 수 있다. 후기들을 정리한 뒤 라이브 방송 중간중간 설명을 해준다면 더 전문적인 판매자로 인식될 가능성이 높다.

앞서 말한 10분 단위로 방송 시나리오를 구성하고 여기에 예상 질문들로만 채워 넣더라도 판매자와 구매자 모두 만족할 만한 방송이 될 것이다. 고객의 궁금증에 대한 본질은 자신이 왜 여기서 구매해야 하는가에 대한 물음이다. 잘 답변해준다면 고객들에게 구매 명분뿐만 아니라 다시 방문할 수 있는 기회까지 건질 수 있다.

라이브커머스 기획의 변동수

기획은 판매자와 소비자의 연결이다. 그리고 이 둘의 관계에는 매우 다양한 상황이 주어지므로, 라이브커머스에서 완벽한 기획이란 불가능하다. 심혈을 기울여 기획안을 작성했지만 방송 중 예기치 못한 상황에 처하면 누구나 당황할 수밖에 없다. 방송은 언제든지 할 수 있다. 그러니 이번이 끝이 아니라 여러 번의 방송 경험을 노하우로 쌓아 갑작스러운 변수에도 유연하게 대처할 수 있는 능력을 키우겠다는 마음으로 방송을 진행하기를 바란다.

다시 한 번 말하지만 완벽한 기획은 없다. 그러니 이것만 기억하면 된다. 라이브커머스의 기획은 무엇을 누구에게 어떻게 전달할 것인가에 대한 물음에서부터의 출발이라는 것을 말이다.

라이브 방송을 하기 전
준비 사항들과 리허설

라이브 방송을 하기 전 준비해야 할 사항들이 많다. 방송 기획 및 콘셉트를 확인하고 방송 일정을 잡아야 한다. 그런 다음 방송을 도와줄 스태프를 선정하고, 판매 수량과 가격을 정한다. 상품을 설명하기 위한 판넬을 준비하고 상품을 세팅한다. 방송 순서의 큐시트를 확인한 뒤 방송 예고편이 나가면 방송 세트장을 구성하고 마지막으로 촬영 장비를 점검한다. 그런 다음 본방송에 들어가기 전 리허설을 해야 한다.

방송 기획 및 콘셉트 확인→방송 일정 확인→보조 스태프 선정→
판매 상품 수량 점검 및 가격 설정→
상품 설명 및 프로모션용 판넬 준비→상품 세팅→
방송 순서 큐시트 확인→방송 예고→방송 세트장 구성→
촬영 장비 점검→리허설→본방송

라이브커머스도 리허설을 한다고? 많은 분들이 이 부분을 의아해하 겠지만 본방송을 하기 전 리허설을 진행해야 한다. "리허설을 하지 않겠 다는 것은 방송을 하지 않겠다는 의미다"라는 말이 있듯이 리허설의 중 요성은 몇 번을 말해도 과하지 않다. 리허설을 통해 방송 준비 사항을 체크하고 전체의 흐름을 체크할 수 있으니 최소 두 번 이상의 리허설을

해보길 바란다.

리허설이 끝났다면 이젠 본방송이다. 모든 수단을 통해 나의 방송을 알려보자. 잔칫상을 준비했는데 소문을 내지 않는다면 방송을 하는 의미가 없다. SNS 채널을 활용하거나 스토어 소식 알림 등 다양한 경로를 통해 1명의 고객이라도 더 끌어들이겠다는 생각으로 나의 라이브 방송 소식을 알려보자.

자, 이제 방송 시간이 됐다.

⑨ 라이브커머스 2단계 : 상품 소개

방송이 송출되면 드디어 실전이다. 그런데 너무 긴장하지 말자. 여행도 목적지와 숙소를 정하고 맛집을 검색하는 그 시간들이 가장 즐거운 법이다. 혹시 이런 적 없었나? 여행 가는 날 아침 들뜬 마음으로 출발했는데 심각한 교통체증에 피로감이 밀려오고 아이들 투정까지 더해져 톨게이트를 지나기도 전부터 '현타'가 왔던 경험 말이다.

처음 라이브 방송을 했던 기억이 난다. 정성스레 준비한 멘트를 쇼호스트처럼 말하고 싶어서 호흡을 가다듬었고, 심혈을 기울여 만들었던 시나리오대로 방송을 진행하려던 찰나였다. 그런데 갑자기 시청자가 채팅창에 어제 윗집에서 층간 소음 때문에 힘들었다고 말하는 것이다. 이럴 때 어떻게 해야 하나 난감했지만 난 시청자가 던진 화두에 자연스럽게 맞장구치면서 이야기를 끌어갔다. 오히려 그런 질문에 답을 하면서 어깨에

잔뜩 들어갔던 힘도 빠지면서 자연스러운 방송을 진행할 수 있었다.

생각대로 되지 않는 게 인생이듯 라이브 방송 역시 계획대로 되지 않을 수 있으니 긴장하지 말자는 의미에서 하는 말이다.

첫 꾯발이 개꾯발이라고?
첫 꾯발이 마지막을 좌우한다

라이브 방송을 시작하자마자 시청자가 밀물처럼 들어오는 경우는 흔하지 않다. '프리미엄' 전략을 구사하는 카카오 쇼핑라이브도 방송 시작 후 초반에는 10명도 채 안 되는 시청자와 포문을 연다. 초반 유입되는 시청자는 사전 홍보 노력의 정도와 방송 횟수를 거듭하는 과정에서 팔로워층이 두터워지면서 만들어지는 것이니 아직 라이브 방송에 익숙하지 않은 단계라면 주변 지인들에게 방송에 참여해달라고 부탁해보자. 손님이 전혀 없는 식당의 문을 열기가 어렵듯이 지인들에게 방송에 참여해 질문도 해주고 방송 후 피드백도 부탁해보자. 서로 품앗이하는 것도 좋은 전략이다.

오프닝은 시청자의 체류 시간을 지속시키는 역할을 한다. 따라서 오프닝에서는 임팩트 있는 매력을 보여주는 것이 유리하다. 대부분의 라이브 방송 진행자들은 손을 흔들며 인사하는 것으로 오프닝을 시작하는데 조금만 바꿔준다면 차별화된 오프닝을 선보일 수 있다. 예를 들어 판매할 상품이 복숭아라면 그것을 어필할 수 있는 소품을 활용하거나 복숭아를 재배하는 과정에서의 에피소드를 유쾌하게 풀어내는 것도 좋은 방법이다. 그리고 오늘 소개할 상품이 무엇인지 그리고 이번 라이브 방송을 통해 얻을 수 있는 구매 혜택은 무엇인지에 대한 어필로 오프닝을 구성한다면 만족스러운 오프닝이 될 수 있다.

그리고 이것만은 꼭 기억하자. 첫인상을 좋게 하는 기회는 방송 중 딱 한 번뿐이다.

신뢰성, 차별성, 편리성을 기반으로
구매 욕구를 끌어올리는 상품 소개법

이제 본격적인 상품 소개 시간이다. 상품 설명은 정확하면서도 간결하게 해야 한다. 구슬땀 흘려가며 재배한 상품에 대해 전하고 싶은 말이 많다는 것은 이해하지만 설명이 길어질수록 시청자의 직관력과 몰입도는 떨어지게 된다.

한 라이브 방송에서 판매자가 이렇게 말한다고 가정해보자.

"나 믿고 사세요! 이거 엄청 좋습니다."

대체 누구를 믿고 사야 한다는 것인지, 어떻게 좋은지 정확하지 않은 상품 소개다. 상품의 특징은 신뢰성, 차별성, 편리성을 더해 함축적으로 소개하는 것이 좋다.

예를 들어보자.

신뢰성을 기반으로 전하는 상품 소개

"오늘은 군산 전 지역 학교에 공급되고 있는 친환경 쌀을 소개
해드리겠습니다."

차별성을 기반으로 전하는 상품 소개

"이 쌀은요. 전국에서 가장 품질이 좋기로 소문난 신동진 쌀이
고요. 일반 쌀에 비해 쌀알은 1.3배나 크고 수분량과 단백질 함
량이 낮아 차진 밥맛을 맛보실 수 있습니다."

편리성을 기반으로 전하는 상품 소개

"쌀은 도정 일자가 중요하다는 거 다들 아시죠? 지금 주문하시
면 오늘 도정한 쌀을 내일 저녁에 사랑하는 가족들과 맛보실 수
있습니다."

같은 상품이라도 '인증', '박사', '닥터' 등의 단어가 들어간 상품에서
더 큰 신뢰감을 얻게 된다. 이러한 신뢰성을 기반으로 상품의 차별성으로
구매의 당위성을 높여주고, 신선한 상품을 저렴하고 빠르게 받는다는
편리성까지 더해준다면 실제 구매로 이어질 확률은 크게 높아질 것이다.

눈과 귀를 자극하는 온라인 쇼핑,
오감을 자극하는 라이브 방송

기존 온라인 쇼핑과 라이브 방송의 차이라고 한다면, 온라인 쇼핑은 눈과 귀를 자극하지만 라이브 방송은 오감을 자극한다는 점이다. 시청자 중 누군가가 위와 같은 멘트를 듣고 쌀을 구매했다면 시청자는 쌀을 구매한 것이 아니다. 그 시청자는 내일 저녁 밥상에 모여 있는 가족들과 함께할 경험을 구매한 것이다. 김이 모락모락 피어오르는 갓 지은 밥과 차진 식감을 라이브 방송에서 보여주자. 그리고 내일 저녁 가족이 식탁에 앉아 밥 먹는 모습을 연상시켜보자. 오감을 자극하는 것은 몰입도를 증폭시키는 것이다.

라이브 방송이
개인 방송이 되지 않도록

상품 소개를 마쳤다. 방송 시간은 아직 많이 남았다. 이제 무엇을 할 것인가? 대부분의 라이브 진행자는 채팅창의 댓글을 보면서 소통을 이어간다. 배송과 주문에 대한 답을 해주는 경우도 있지만 시시콜콜한 담소를 나누기도 한다. 담소를 나눈다는 게 나쁘다는 뜻이 아니다. 라이브 커머스만의 매력이니 적극 활용하는 것도 좋다. 그러나 가끔 진행자가 더 이상 할 말이 없어 채팅창의 댓글을 읽고 있는 것처럼 보일 때가 있다. 판매의 목적으로 시작한 라이브 방송이 개인 방송이 되는 순간이다.

이러한 것을 미연에 방지하기 위해 기획 단계에서부터 소구점을 만들어야 한다고 강조했다. 채팅창의 질문에 대한 답변은 해주되 방송의 주도권은 시청자에게 빼앗기면 안 된다. 처음 10분에 입장한 시청자도 있지만 방송 시작 후 30분이 지난 시점에 입장한 시청자도 있다. 40대 주부를 주요 고객으로 정했지만 30대 남성이 들어올 수도 있다. 라이브 방송은 변동수가 많기 때문에 방송 전에 다양한 이야기를 미리 구성한 뒤 판매자가 라이브 방송을 주도해야 한다.

이때 판매할 상품과 연관된 이야기로 이끌어 가면 좋다. 예를 들어 사과를 판매하는 경우 재배하는 사과 농장에 대한 소개와 주변 캠핑장, 좋은 사과 고르는 방법, 다양한 이벤트 등을 섞어가면서 진행하는 것이 좋다.

방송 순서	목적	시간
오프닝 및 상품 소개	상품 소개	10분
사과농장 에피소드	판매자와 시청자들 간의 친밀감 형성	10분
좋은 사과 고르는 방법	판매자와 시청자들 간의 지식 공유	10분
이벤트(쿠폰, 퀴즈 등)	구매자들에게 명분 제공	10분
구매자 혜택	구매자들에게 명분 제공	10분
정리, 팔로우 유도	단골 구매자 만들기	10분

상품 판매 시간 배분 예시

하나의 예시에 불과하지만 1시간을 잘게 나누어 구성할 경우 가장 좋은 점은 한 방송에서 6번의 판매 유도가 가능하다는 점이다. 어떻게 구성하느냐에 따라 그 이상도 이하도 가능하다.

판매자의 시선에서 벗어나 구매자의 시선으로

이렇게 다양한 시나리오를 바탕으로 방송을 진행하기 위해서는 판매자의 시선에서 벗어나 구매자의 시선으로 상품을 소개해야 한다. 당연히 판매자의 입장에서는 이 사과의 당도가 얼마나 높고 맛있는지 입에 침이 마르도록 말하고 싶겠지만 그렇게 되는 순간 라이브 방송은 판매자의 스피치가 되고 만다.

여기서 한 걸음 물러나 구매자의 시선으로 상황을 바라본다면 라이브 방송은 판매자의 일방적 스피치가 아니라 판매자와 구매자의 공감 통로가 될 수 있다. 스피치는 설득에 목적이 있지만 공감은 설득과 함께 감정을 이입할 수 있다. 마치 판매자의 일이 구매자의 일처럼 느끼게 하는 것, 그것이 바로 소통에서 오는 공감이다.

라이브 방송을 통해 시청자나 구매자가 무엇을 얻을 수 있을지를 고민하는 것이 상품을 전략적으로 팔 수 있는 하나의 방법이 될 수 있다는 점에 주목해야 한다.

백 번 듣는 것이
한 번 보는 것만 못하다는 것은 진리

사람들에게 지구 온난화의 심각성을 알리기 위한 방법으로 그 원인과 해결책이 담긴 방대한 자료를 제시하는 것보다 굶주림에 죽어가는 북극곰 사진 한 장이 더 큰 울림을 준다. 흡연의 심각성을 알리기 위한 방법으로 백 마디의 말보다 담배 연기에 울고 있는 아이의 사진 한 장이 더 큰 경각심을 준다.

사람은 말로 듣고 이해하면서 판단하는 것보다 시각적 이미지를 통해 이해하고 결정짓는 것이 더 편하다. 즉, 구매를 결정하는 데 있어 이미지가 더 효과적이라는 의미다.

패널이나 핸드 피켓을 활용하면 빠른 구매를 결정하는 데 영향을 미칠 수 있다.

따라서 라이브 방송에서도 상품에 대한 특징들을 말로 설명하는 데에 그치지 말고 패널이나 핸드 피켓 등을 활용해 전달한다면 시청자는 더 빠른 구매 결정을 내리게 될 것이다.

여기서 퀴즈 하나를 내겠다. 인간의 청각과 시각 중 반응속도가 더 빠른 것은 무엇일까? 아이러니하게도 정답은 청각이다. 청각은 0.13초, 시각은 0.17초의 반응속도를 보인다. 이는 인류가 적의 위협으로부터 몸을 보호하기 위한 주요 역할을 청각이 담당하면서 진화한 결과라고 한다. 그렇다. ASMR 먹방이 그토록 유행하는 이유가 있었던 것이다. 이제 라이브 방송의 콘텐츠가 하나 더 늘었다. 시각과 청각을 자극할수록 더욱 생생한 이미지를 떠올리게 되고 구매 의지도 더욱 높아지게 된다.

라이브커머스는 재미와 소통, 친근함이 생명

라이브커머스는 재미와 소통 그리고 친근함이 생명이다. 우리는 전문 방송인이 아니기에 방송이 서툴고 어색한 것이 당연하다. 하지만 상품에 대한 전문성과 농촌이 주는 친근함은 오히려 유명 쇼호스트의 화려한 언변과는 비교할 수 없는 매력으로 작용할 수 있다. 이러한 장점들과 앞서 설명했던 라이브 방송의 다양한 기법들을 적절하게 배치한다면 우리는 라이브 방송이라는 든든한 판로를 개척할 수 있다.

농사는 '기다림'이다. 씨를 뿌리고 열매를 맺기까지의 기다림이 있었기에 매일 신선한 농산물이 식탁에 오를 수 있다. 라이브커머스 역시 마찬가지다. 내가 키운 농산물이 사람들에게 전해지는 순간까지 많은 기다림이 필요하다. 따라서 한 번의 방송으로 큰 성과를 내려는 마음가짐보다 최상의 농산물을 사람들에게 알린다는 마음으로 접근해보자. 분명 이 마음을 알아주고 찾아오는 소비자가 늘어날 것이라고 확신한다.

"연습만이 완벽함을 만든다"는 말을 모두 들어봤을 것이다. 라이브 방송을 준비하는 것에서부터 실제로 방송 송출까지 전 과정에서 연습이 필요하다. 유명 쇼호스트처럼 달변가가 되자는 것이 아니라 내가 전하고 싶은 말을 시청자가 이해할 수 있도록 전달하는 연습을 해보는 것이다. 운동을 할수록 몸의 근육이 늘어나는 것처럼 말하기도 하면 할수록 말의 근육이 발달한다.

이때 중요한 것은 시청자의 입장에서 근거를 바탕으로 상품을 설명해야 한다는 점이다. 예를 들어 귤을 판매할 때 그냥 "달고 맛있다"가 아닌 "킹스베리 딸기가 보통 9.8브릭스인데요. 이 귤은 당도가 11브릭스로 딸기보다 달고 맛있습니다"와 같이 말하는 것이다. 근거를 기반으로 상품을 소개하면 시청자의 입장에서 이해하기가 훨씬 수월해진다.

또한 대한민국 국민은 오랫동안 귤을 먹어왔기 때문에 귤에 대한 기억은 무수히 많다. 귤 1박스를 앉은자리에서 다 먹었던 일이나 캠핑장에서 귤을 구워 먹었던 추억 등 귤에 대한 이야기를 통해 시청자에게 이미지를 연상시킬 수 있다면 금상첨화다. 라이브 방송의 횟수가 늘어날수록 더 많은 아이디어가 샘솟을 테니 한 걸음씩 전진해보자.

방송을 끝낸 후
방송 허점을 철저하게 분석해야

꼼꼼하고 빈틈없이 준비한 여행 계획도 막상 도착하면 하나둘 빠뜨린 게 보인다. 그래서 다음 여행을 계획할 때 과거에 빠뜨린 것을 챙기려고 한다. 라이브 방송도 마찬가지다. 완벽하게 준비했다고 생각했는데 실제 방송을 진행하면 허점이 보인다. 그래서 방송이 끝나면 방송 중에 보인 실수와 허점을 정확하게 파악해 다음에는 그런 일들이 일어나지 않도록 해야 한다.

다만 여행도 라이브 방송도 지나고 나면 모두 추억이고 경험이 되는 소중한 자산이다. 실수했다고 괜히 불안해하지 말고 다음에 만회할 수 있도록 마음가짐을 단단하게 잡는 계기로 삼기를 바란다.

여기서 하나만 물어보고 싶다. 여행과 라이브 방송의 중요한 차이점이 무엇인지 아는가? 여행은 돈을 쓰지만 라이브 방송은 돈을 벌 수 있다는 것이다.

⑩ 라이브커머스 3단계 : 소통

기존의 이커머스와 라이브커머스의 절대적인 차이는 양방향 소통에 있다. 온라인 쇼핑몰을 운영하면서 아쉬웠던 부분은 고객들의 상품 문의에 대해 즉각적인 피드백이 어려웠다는 점이다. 상품 문의 알림이 울려도 바로 답해줄 수 없는 경우 잠시 미루고 있다가 잊어버리는 바람에 하루가 지나서 답하는 경우도 있었다.

간혹 전화로 왜 이렇게 답이 없냐며 역정을 내는 고객들도 있는데 그럴 때마다 진땀을 흘리곤 했다. 문의에 대한 답변이 늦어 주문이 취소되는 경우도 있었다. 스스로 온라인 쇼핑의 한계라며 당연하게 여겼던 생각을, 오프라인 시장에서나 가능하리라 여겼던 소통의 형태를, 라이브커머스가 말끔히 해결한 것이다.

왜 이렇게 소통을 강조하는 걸까? 라이브 방송에서 소통은 검증의 과정이다. 조금 과장해서 말하자면 청문회와 같다. 그런데 이 청문회를 통과하면 구매 전환율이 급증한다. 정말 그럴까? 이커머스의 구매 전환율이 0.3~1%인 반면 라이브커머스의 구매 전환율은 5~8%, 많게는 20%에 육박한다는 보고가 대신 말해준다.

**라이브 방송 중
핫 버튼 공략하기**

라이브 방송에서의 소통은 개인적인 여담과 상품에 대한 질문이 주를 이룬다. 이 둘 중 어느 하나도 소홀할 순 없다. 여담을 통해 팔로워 관계가 형성되고 질문을 통해 구매력을 높이기 때문이다.

이젠 판매자가 구매자를 설득할 시간이 왔다. 앞에서 분명 설득하지 말라고 해놓고 무슨 뚱딴지 같은 소리냐고 반문하는 이들이 있을 것이다. 하지만 찬찬히 생각해보자. 상품 판매는 일방적인 전달이고, 일방적인 전달은 소통이 아니다. 그렇다면 방송에서 소통은 어디에서 이뤄지고 있을까? 상품에 대한 정보 전달이 끝나고, 시청자가 상품에 대해 질문하면서부터 소통이 시작된다. 그리고 소통을 하면서 상품을 구매하도록 설득해야 한다.

예를 들어 판매자와 시청자가 상품에 대한 질문과 답변이 오고가면서 시청자는 구매자가 되고, 구매 의사를 결정하게 된다. 이러한 과정을 통해 물건을 '살까 말까'가 '어떤 것을 살까'로 좁혀지게 되는 것이다. 다시 말해 참외를 판매하는 라이브 방송에서 "참외 있어요?"가 아니라 "2kg짜리 얼마예요?"로 좁혀졌다는 의미다.

세계적인 동기부여가인 브라이언 트레이시는 구매 심리를 자극하기 위해 '핫 버튼hot button'을 공략하라고 한다. 예를 들어 라이브 방송 중 누군가 주말에 '부모님이 오신다'는 댓글을 올렸다면 '부모님'이 핫 버튼이 되는 것이다. 그래서 부모님이 좋아하시는 참외, 부모님이 드셔도 소화가 잘되는 참외 등 참외에 대한 정보를 부모님과 결합해서 알려준다면 판매에 큰 도움이 될 것이다.

하지만 방송 횟수가 거듭되고 나만의 팔로워층이 형성되면 이러한 노력도 점점 줄어들게 될 테니 라이브 방송 초기에 유연하게 사용하면 된다.

이처럼 실득은 소통의 단계에서 이뤄지는 것이다. 그리고 소통의 기본은 경청이다. 그러니 채팅창의 질문들을 유심히 살펴보고 이해하기 쉽게 설명해줘야 한다. 만약 시청자의 문의를 놓쳤을 경우에는 라이브 방송을 도와주는 사람이 메모해서 다시 언급해주는 식으로 진행해야 한다.

라이브 방송 중 재미로 구매 전환율 높이기

라이브커머스 플랫폼마다 유명인들 특히 개그맨들이 많이 보인다. 그리고 개그 감각이 뛰어난 유명인들이 출연하는 라이브 방송에는 많은 시청자들이 모인다. 라이브 방송에 개그맨들이 많은 이유는 뭘까? 바로 라이브 방송의 매력이 '재미'에 있기 때문이다. 재미는 시청자들에게 몰입도를 높이는 역할을 한다. 몰입도가 높아지면 당연히 방송 체류 시간이 늘어나고 자연스럽게 구매 전환율이 높아진다. 각 플랫폼마다 시청자들을 사로잡는 유명인들을 모시는 데에는 다 이유가 있는 것이다.

비록 인플루언서는 아니지만 우리 같은 농업인이 라이브 방송에서 시청자들에게 줄 수 있는 재미에는 '이벤트'가 있다. 특히 그립은 선착순, 추첨, 주사위, 경매, O/X, 초성 퀴즈 등 총 6가지의 게임이 구성되어 있으니 라이브 방송 중에 적절하게 배치하는 것도 좋은 판매 전략이 될 수 있다.

그립에서 제공하는 게임 이외에도 쿠폰, 리뷰 인증과 같은 다양한 이벤트를 기획할 수 있다. 좋은 아이디어가 떠오른다면 라이브 방송에서 시도해보자. 차별화된 전략으로 시청자와 함께 웃는 시간이 늘어난다면 진행자에 대한 시청자의 호감이 높아지면서 결국 매출에 웃게 될 것이다.

라이브 방송 중 이벤트를 통해 시청자에게 재미를 선사하는 것이
구매 전환율을 높이는 데 도움이 된다.
출처 ㈜그립컴퍼니

⑪ 라이브커머스 4단계 : 클로징

환경 단체인 녹색연합에 따르면 2020년 한 해에 생산된 배달 및 포장 용기의 생산량은 무려 11만 957톤에 달한다고 한다. 용기 개수로만 따져도 21억 개에 달하는 양이다. 혹시 1인당 매주 신용카드 한 장과 맞먹는 미세플라스틱을 섭취하고 있다는 세계자연기금WWF의 연구 결과와 바다거북이의 코에 박힌 플라스틱 빨대를 뽑아내는 영상을 본 적 있는가? 플라스틱 쓰레기가 야기하는 환경 문제는 이미 위험 수준을 초과한 상태다.

환경오염의 피해자는 결국 나와 우리의 후손임을 깨달은 많은 기업과 개인은 저마다의 노력을 기울였다. 일례로 2021년 6월부터 배달의민족, 요기요, 쿠팡이츠 등 배달 앱 3사는 일회용 수저를 넣지 않는 것을 배달 기본 옵션으로 정했고, 개인들은 '착한 소비'에 동참했다. 특히 '배달의민족'이 기울인 1년 6개월 동안의 노력은 약 32억 원의 쓰레기 처리 비용 절감의 경제적 효과와 소나무 185만 그루를 심는 환경적 효과를 발생시켰다.

개인의 힘은 더 거세졌다. 개인적 욕구를 충족시키기 위한 사적인 소비를 넘어 소비를 통해 이웃과 환경 그리고 사회에 미칠 영향을 생각하는 이른바 '착한 소비'에 열광하고 있다.

서울 강서구에 위치한 제로웨이스트샵 '허그 어 웨일Hug a whale'의 김민수 대표는 "우리의 소비 과정 즉 생산에서부터 폐기에 이르는 모든 과정은 지구에 해로운 활동이기에 일련의 과정을 다 살펴보고 제품을 선택해야 한다"라고 강조했고, 이어서 착한 소비자는 갈수록 늘어나고 있다는 말을 덧붙였다.

착한 소비로 이어질 수 있도록
상품에 가치를 더한 클로징

서론이 길었다. 이렇게까지 서두를 길게 나열한 이유는 내가 환경에 관심이 많아서인 탓도 있지만 라이브 방송을 시청하는 '착한 소비자'들이 이제는 가성비를 넘어 가치 있는 소비를 추구하는 새로운 소비문화에 앞장서고 있다는 것을 말하기 위해서였다.

'같은 값이면 다홍치마'라는 속담이 있다. 하지만 친환경 농법으로 길러진 농산물은 그 외모가 들쭉날쭉한 '못난이과'에 속한다. 과거에는 이런 농산물에 대한 상품성이 떨어져 외면받기 일쑤였지만 이제는 달라졌다. 착한 소비자들의 눈에는 그 무엇보다 예쁘고 품질 좋은 상품으로 보이는 것이다. 앞서 소개한 익산 '애벌레농장'에서 길러진 쌈채소에 애벌레가 보이면 사람들은 친환경 농사의 증거로 인식한다고 했다.

친환경 농사는 일반 농사보다 고되고 비용도 많이 들지만 이를 알아주는 사람이 없어 농민들의 사기가 점차 떨어지는 중이다. 또한 친환경 농산물은 비싸다는 인식이 팽배하다. 일반 농산물에 비해 조금 비싸게 느껴질 수 있지만 더 큰 문제는 백화점에서 판매될 때 72.3%까지 치솟는 유통마진°을 보면 그 이유를 간단히 알 수 있다.

이에 반해 라이브 방송은 직거래 형태다. 따라서 소비자에게 품질 좋은 농산물을 합리적인 가격에 제공할 수 있다는 최고의 장점이 있다. 친환경 농법이 아직 제대로 대접받지 못하는 상태에 있지만 착한 소비자가 늘어나는 추세에 맞춰 친환경 농법을 추구하는 농가도 늘어날 것이고, 소비자들은 더욱 다양한 친환경 농산물을 가정에서 받아볼 수 있을 것이다.

라이브 방송에서는 농촌과 착한 소비자에 의한 선순환을 반드시 강조해야 한다. 라이브 방송 중 구입한 상품은 단순히 사적인 소비 수준을 넘어 농산물을 재배한 농부의 땀의 가치를 인정해주는 표현이자 건강한 먹거리 생산을 지속시킬 수 있는 원동력이 된다는 것을 말이다.

° 출처 「2020년 친환경농산물 유통실태조사 최종 보고서」

구매에 대한 망설임을 해결할 수 있는
클로징 하기

라이브 방송의 목적은 판매에 있다. 상품을 기획하고 준비하는 모든 과정의 노력은 매출을 올리기 위해서다. 따라서 판매자는 마지막 10분에 집중력을 쏟아내야 한다. 사람은 본래 중간보다 시작과 끝에 더 집중을 잘한다.

그럼 클로징에서 중요하게 다뤄야 할 부분에 대해 알아보자.

첫째, 시청자에게 상품과 브랜드를 각인시킨다.
둘째, 오늘 방송에 대한 정리와 구매 의사 결정을 도와준다.
셋째, 다음 방송에 대해 공지하고 팔로워를 유도한다.

쇼호스트는 기업의 상품을 소개하고 판매하는 전문 방송인이다. 쇼호스트에게는 많은 판매 경험이 커리어가 되지만 우리는 우리 그 자체가 상품이자 브랜드라는 것을 명심해야 한다. 음식 장사의 성공 여부는 재주문율에 달렸다. 재주문율이 높다는 것은 소비자에게 믿음을 줬다는 뜻이고, 이러한 음식점은 반드시 성공한다.

만약 라이브 방송을 통해 시청자의 신뢰를 얻는 데 성공했다면 이번 라이브 방송은 성공적이었다고 자부해도 좋다. 내가 피땀 흘려 생산한 농산물이고 나야말로 진짜 전문가인데 어떤 수식어가 필요하겠는가? 한 번의 방송으로 끝낼 것이 아니라면 소비자가 인식하기 편한 브랜드를 만들어보기를 강력히 추천한다.

신뢰를 얻었다면 구매자가 구매 의사 결정을 내릴 수 있도록 도와줘야 한다. 보통 구매자는 다른 매장보다 저렴하게 구매했다는 논리적인 이득이 보이거나 이 상품을 통해 얻게 될 감정적인 이득이 보였을 때 지갑을 열게 된다. 소비는 단순히 돈과 상품의 거래가 아닌 돈과 가치의 거래이기 때문이다.

라이브 방송에서 구매한 채소와 과일이 가족의 화목한 저녁식사를 상상하게 만들어준다면 우리가 판매한 것은 채소와 과일이 아니라 '구매자 가족의 행복'이 될 것이다. 게다가 평소보다 더 저렴하게 구입했다면 그 기쁨은 배가 될 것이다.

고객이 현재 지불하는 돈은
미래의 만족을 구매하는 것

음식점을 운영했을 당시에 집들이 용도로 음식을 주문한다는 손님이 있었다. 나는 진심으로 축하한다는 메시지와 서비스 몇 가지를 포함해서 보내드렸다. 값으로 따지면 2,000원도 안 되는 수고였지만 손님은 '사장님 덕분에 기분 좋은 시간이었다'는 감동 후기를 올려주었다. 이 후기는 많은 사람들에게 신뢰감을 주었고, 나의 잠깐의 수고는 100배 이상의 보상으로 돌아왔다. 그때 깨달았다. 고객이 현재 지불하는 돈은 미래의 만족을 구매하는 것이란 것을 말이다.

나에게 이익을 주는 사람을 멀리하는 경우는 없다. 다시 한 번 언급하지만 우리의 상품을 통해 소비자가 얻을 수 있는 금전적 가치와 미래의 만족감이 무엇일지 고민해보길 바란다. 고민한 뒤 그것을 실천하면 라이브 방송 시청자의 긍정적인 구매 의사 결정을 기대해도 좋다.

방송이 끝난 후
지인의 피드백을 꼭 들어라

한 번의 라이브 방송으로 모든 것을 터득할 수는 없다. 농사도 이론과 실전이 엄연히 다르듯이 라이브 방송도 기획대로 흘러가지 않을 때도 많다. 다만 철저한 계획과 준비는 라이브 방송의 구성을 탄탄하게 만들어주고, 다양한 돌발 상황에서 자연스럽게 대처할 수 있는 지원군 역할을 해주기에 결코 소홀히 해서는 안 된다.

방송 전 가장 중요한 것이 리허설이라면 방송 후 가장 중요한 것은 피드백이다. 피드백은 방송에 참여한 지인이나 함께 방송을 진행하는 사람을 통해 듣는 것이 가장 객관적이다. 대부분의 사람은 듣기 싫은 말을 회피하는 경향이 있지만 피드백이 있어야 시행착오를 줄이면서 발전할 수 있다.

피드백은 주로 상품 세팅과 표현 및 전달력에 대한 부분에서 많이 나올 것이다. 피드백과 더불어 상품 구성과 가격, 방송 콘셉트 등을 재기획하는 과정을 몇 번 반복하다 보면 판매자와 구매자 모두 만족하는 라이브 방송을 진행하게 될 것이다.

여기서 절대 잊지 말아야 할 중요한 점이 있다. 아무리 좋은 상품이라도 사람들이 모르고 지나친다면 무용지물이나 다름없다. 라이브 방송

농산물은 돈과 상품의 거래가 아닌 돈과 가치의 거래로 인식해야 한다.
농산물은 한 가족의 건강을 챙겨주는 가치 상품이다.

의 성과를 위해서는 사전 마케팅이 필수인데 그 부분에 대해서는 다음

장에서 다루도록 하겠다.

CHAPTER
6

바로 써먹는
라이브커머스
꿀팁 5가지

❶ 농산물 온라인 판매시 꼭 필요한 3가지 서류

　　　　　　농산물을 판매하기 위해 기본적으로 알아야 할 3가지 법률이 있다. 온라인 판매를 시작하기 전이거나 혹은 이미 온라인 판매를 진행하고 있는 경우일지라도 관련 법률에 대한 내용을 알고 있다면 사업을 지속하는 데에 있어서 많은 도움이 될 것이다.

부가가치세법 :
사업자 등록

　농업인의 사업자 등록은 세금과의 연관성이 가장 깊다. 농업인이 직접 재배하여 판매하는 농산물은 가공되지 않은 식료품에 해당하여 부가가치세가 면제되고, 아울러 농산물 판매시 10억 이하의 소득에 대해서는 소득세가 부과되지 않는다.

제26조(재화 또는 용역의 공급에 대한 면세)   ↓ :

① 다음 각 호의 재화 또는 용역의 공급에 대하여는 부가가치세를 면제한다.
1. 가공되지 아니한 식료품[식용食用으로 제공되는 농산물, 축산물, 수산물과 임산물을 포함한다] 및 우리나라에서 생산되어 식용으로 제공되지 아니하는 농산물, 축산물, 수산물과 임산물로서 대통령령으로 정하는 것

따라서 농업인이 소비자와 농산물 직거래를 할 경우에는 사업자 등록을 하지 않아도 된다. 하지만 현금영수증 발급 등 소비자와의 원활한 금전 거래를 위해서는 사업자로 등록하는 것이 좋다. 간혹 연매출 2,400만 원 이하면 현금영수증 발급이 의무사항이 아니라는 주장을 하지만 매출에 대한 목표는 크게 세울수록 좋다.

또한 온라인을 통해 농산물을 판매하기 위해서는 반드시 통신판매업 신고를 해야 한다. 그리고 통신판매업신고증을 발급받기 위해서는 사업자등록증이 반드시 필요하다. 이것이 우리가 사업자 등록을 해야 하는 가장 큰 이유다.

온라인 판매를 할 때 꼭 필요한 서류1: 사업자등록증

사업자등록증 발급 방법은 가까운 지역 세무서에서 발급받는 방법과 인터넷에서 발급받는 방법이 있다. 만약 인터넷 활용이 어려운 분이라면 지역 세무서에서 발급받는 것이 좋지만 인터넷을 잘 활용할 수 있다면 시간을 절약하기 위해 홈택스에서 발급받는 것을 추천한다.

사업자등록증 발급 절차

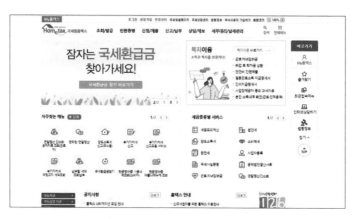

사업자 등록은 홈택스에서 간편하게 신청할 수 있다.
먼저 홈택스에 들어가 공동·금융인증서로 로그인을 한다.

'신청제출'을 눌러 들어간 뒤 '사업자등록신청(개인)'을 클릭한다.

자신의 인적사항과 소재지를 입력한다.

업종 선택을 누르면 세분화된 코드가 나올 것이다.
이때 업종 코드에 '전자상거래'를 검색하여 업종 및 업태를 입력한다.

업종 코드 기입이 완료되면 사업장 정보를 입력하고 사업자 유형을 선택한다.
농업인은 부가가치세 면세사업자에 해당하기 때문에 면세에 체크한다.

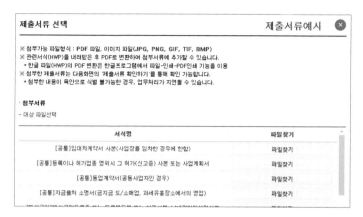

사업자 등록에 필요한 첨부서류를 모아 하나의 파일 안에 넣은 뒤
해당 사항에 맞는 '파일찾기'를 눌러 서류를 올린다.

제출 서류가 맞게 올라갔는지 확인한 뒤 신청서를 제출한다

홈택스에서 사업자 등록 신청을 완료한 후 2일 이내에 사업자 등록 처리 결과가 문자로 발송된다. 만약 업종 및 사업자 유형 확인 등으로 세무서의 연락을 받게 된다면 농산물 온라인 판매로 사업자 등록을 신청한다는 설명을 해준다면 이상 없이 발급받을 수 있다.

온라인 판매를 할 때 꼭 필요한 서류 2 : 통신판매업신고증

통신판매업 신고의 목적은 전자상거래에서 소비자를 보호하기 위함이다. 따라서 온라인 판매를 하는 모든 사람은 통신판매업신고증을 발급받아야 한다. 그러나 직전 연도 기준으로 거래 횟수 50회 미만 또는 간이과세자에 해당하는 경우라면 통신판매업 신고 면제에 해당된다. 하지만 대부분의 온라인 마켓에 입점하기 위해서는 사업자등록증과 통신판매업신고증이 필수 서류에 해당하므로 가급적 발급받기를 권한다.

통신판매업 신고를 위해서는 '사업자등록증'과 '구매안전서비스 이용 확인증'이 필요하다. 구매안전서비스 이용 확인증은 은행농협, 국민은행, 기업은행에서 발급이 가능하지만 네이버와 쿠팡 등의 온라인 마켓을 이용한 판매가 주를 이룰 경우에는 해당 사이트에서도 발급이 가능하다.

구매안전서비스 이용 확인증까지 준비됐다면 통신판매업 신고도 이제 시간문제다. 통신판매업 신고는 인터넷 웹사이트 '정부 24'에서 발급이 가능하다.

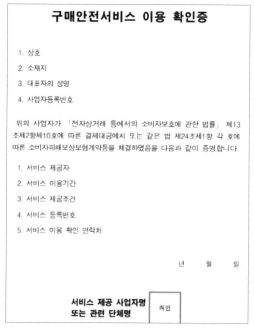

구매안전서비스 이용 확인증은 은행뿐만 아니라
네이버나 쿠팡 등에서도 발급받을 수 있다.

'정부 24' 홈페이지에 들어가서 공동·금융인증서로 로그인한 뒤
'자주 찾는 서비스'에서 '통신판매업 신고'를 클릭한다.

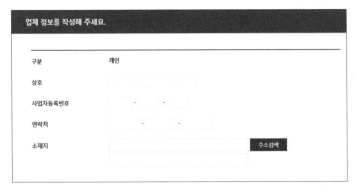

업체 정보를 작성하는데 사업자 등록을 신청할 때의 정보와 동일하게 작성한다.

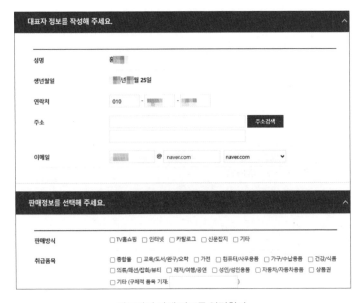

대표자와 판매 정보를 입력한다.

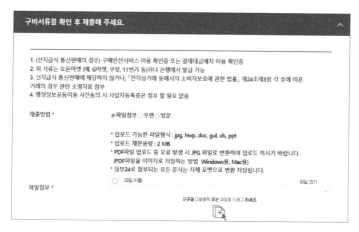

1. (선지급식 통신판매의 경우) 구매안전서비스 이용 확인증 또는 결제대금예치 이용 확인증
2. 위 서류는 오픈마켓 (예. G마켓, 쿠팡, 11번가 등)이나 은행에서 발급 가능
3. 선지급식 통신판매에 해당하지 않거나, 「전자상거래 등에서의 소비자보호에 관한 법률」 제24조제3항 각 호에 따른 거래의 경우 관련 소명자료 첨부
4. 행정정보공동이용 사전동의 시 사업자등록증은 첨부 할 필요 없음

제출방법 *   ◉파일첨부 ○우편 ○방문

* 업로드 가능한 파일형식 : jpg, hwp, doc, gul, xls, ppt
* 업로드 제한용량 : 2 MB
* PDF파일 업로드 중 오류 발생 시 JPG 파일로 변환하여 업로드 하시기 바랍니다.
  (PDF파일을 이미지로 저장하는 방법 Windows용, Mac용)
* 정부24로 첨부되는 모든 문서는 자체 포맷으로 변환 저장됩니다.

☐ 파일 이름   파일 크기

파일첨부 *

여곳을 더블클릭 또는 파일을 드래그 하세요.

구비서류에 구매안전서비스 이용 확인증을 첨부한다.

구매안전서비스 이용 확인증까지 첨부가 완료되면 '민원 신청하기'를 누른다. 그러면 통신판매업 신고가 완료되고 약 3일 정도 후에 수령 및 출력이 가능하다. 통신판매업 신고가 처리되면 관할 부서에서 등록면허세 납부 메시지를 보낸다. 등록면허세는 은행에서 납부가 가능하지만 인터넷 웹사이트 '위택스'에서도 납부가 가능하다. 인터넷 활용이 능숙한 사람이라면 사업자 등록부터 통신판매업 신고까지 모든 과정이 앉은자리에서 가능하다.

가공식품을 온라인으로 판매할 때 꼭 필요한 서류는 즉석판매제조가공업

수확한 고추를 빻아서 고춧가루로 판매하거나 과일로 잼을 만들어

판매하는 것처럼 농가에서는 농산물을 가공해 판매하는 경우가 있다. 농산물을 가공해서 판매할 경우 2.5배에서 많게는 3배 이상의 부가가 치를 얻을 수 있기 때문에 많은 지자체에서도 농산물 가공창업교육이 활발하게 진행되고 있다. 그런데 이때 가공식품 판매 허가를 받지 않았 다면 불법으로 간주된다.

가공식품을 만들어서 온라인 판매를 한다면 '즉석판매제조가공업' 을 등록하면 된다. 하지만 이를 위해선 주거지 이외의 독립된 건물과 식 품 취급 시설, 화장실, 급수 및 판매 시설 등과 같은 처리 시설이 갖춰져야 한다. 소규모 농가에서 건물을 짓고 그 안에 각종 시설을 갖추기에는 큰 부담으로 다가올 수밖에 없다.

처음부터 무리하게 시설을 투자하기보단 라이브커머스 플랫폼에서 우리 농산물을 소비자에게 널리 알리고 적극적인 판매를 통한 수익 창 출에 초점을 맞추는 것이 더 현실적이라고 생각한다.

② 라이브커머스를 하기 위한 방송 장비

인터넷 연결이 원활한 상태에서 카메라, 삼각대, 마이크만 있다면 우리는 시간과 장소에 구애받지 않고 얼마든지 라이브 방송을 진행할 수 있다. 간혹 비싸고 좋은 장비를 찾는 사람도 있다. 물론 고급 장비를 사용할 경우 영상을 돋보이게 만드는 효과는 있겠지만 매출과의 절대적인 정비례 관계는 아니라는 것을 인지하길 바란다. '서투른 목수가 연장 탓한다'라는 속담이 있듯이 라이브 방송을 시작하는 단계에서 가장 중요한 부분은 장비가 아니라 내 상품을 어떻게 전달하느냐에 있음을 명심하자.

스마트폰 하나로
촬영하고, 송출하고, 시청하고, 구매한다

개인으로 진행하는 라이브 방송용 카메라는 스마트폰이면 충분하다. 간혹 고화질 영상을 송출하기 위해 미러리스, 캠코더, DSLR 카메라 등을 사용할 때도 있지만 이러한 장비들은 경우에 따라 케이블, PC, 캡처보드 등 추가적인 디바이스를 준비해야 한다는 번거로움이 있다.

우리가 주로 활용하게 될 네이버 쇼핑라이브에서는 최대 720픽셀까지의 해상도를 지원하고 있다. 좀더 이해하기 쉽게 말하자면 네이버의 동영상을 시청할 때 기본값으로 설정되는 해상도라고 생각하면 된다. 결론적으로 스마트폰 하나로, 라이브 방송을 송출하고 시청하고 상품을 구매하는 모든 절차를 진행하는 데에 전혀 문제가 없다. 오히려 네이버 쇼핑라이브에서는 '쇼핑라이브에서 지원하는 화질 이상으로 고화질을 송출할 경우 네트워크가 불안정해져 정상적인 시청이 어려울 수 있습니다'라며 고화질 송출에 대한 우려를 표하고 있는 실정이다. 최근에 생산된 스마트폰의 성능이라면 라이브 방송을 진행하는 데 있어서 전혀 문제가 없으니 안심하자.

카메라보다 더 중요한
인터넷 환경 설정

인터넷은 카메라보다 더 중요한 비중을 차지한다. 인터넷 강국인 우리나라에서 인터넷으로 문제가 되는 경우는 흔하지 않지만 만에 하나 방송 중에 인터넷이 불안정한 경우가 발생되면 영상이 끊기는 등 부자연스러운 상황이 연출될 여지가 있다. 이런 불미스러운 상황을 미연에 방지하기 위해서는 가급적 유선 인터넷을 사용하고 방송 전 인터넷 속도를 확인해야 한다. 스마트폰에 별도의 젠더를 연결하면 유선 인터넷의 활용도 가능하지만 지금까지 무선 인터넷을 활용한 방송에서 문제점이 발생한 적은 없었다.

영상을 안정적으로 찍을 수 있게 해주는 삼각대

다양한 환경과 장소에서 안정적으로 카메라를 거치할 수 있게 도와주는 장비가 바로 삼각대다. 삼각대는 단순히 카메라 1대만 설치하는 장비가 아니다. 삼각대에 마운트 브래킷이나 멀티트레이를 설치하면 카메라와 노트북까지 추가로 세팅할 수 있다. 따라서 삼각대는 높이 조절과 내구성을 우선 확인해야 한다.

라이브 방송 중 화면을 다양하게 연출하고 싶은 마음에 삼각대를 움직이는 경우가 있다. 그런데 이렇게 되면 화면의 떨림 현상이 발생해 시청자의 입장에서 몰입도가 떨어

스마트폰용 삼각대 스탠드 홀더

지게 된다. 이러한 문제점을 보완하고 싶다면 짐벌을 사용해보자. 짐벌은 자동으로 수평을 맞춰주고 좌우 이동이 가능하기 때문에 진행자의 움직임에 맞춰 자연스러운 촬영이 가능하다. 하지만 내가 진행하는 방송이 움직임이 많은 촬영이 아니라면 짐벌의 활용도가 낮기 때문에 무리해서 준비할 필요는 없다.

게다가 요즘 출시되는 삼각대에는 1인 방송 시스템에 맞춰 마이크와 조명, 스마트폰 핸들 그립까지 한 세트로 출시되는 경우가 많아 별도로 구입해야 하는 수고를 덜어주는 장점이 있다. 라이브 방송 초기부터 과도한 전문성을 요구할 경우 생산성이 떨어지게 되므로 각각의 상황에 맞춰 하나씩 준비할 것을 추천한다.

방송 내용의 전달력을 높이기 위한 마이크

라이브 방송을 하다 보면 예기치 못하게 주변의 소음으로 간섭받거나 방송 음질로 인해 시청자가 방송에 집중하는 데 방해를 주기도 한다. 이는 결국 시청자 유입에 악영향을 미치게 된다. 따라서 외부 소음 유입을 방지하고 방송 내용의 전달력을 높여주는 목적으로 마이크를 사용한다. 마이크는 유선 마이크와 무선 마이크가 있지만 손을 자유롭게 사용해야 할 경우가 있으므로 무선 마이크를 추천한다. 그런데 최근에 생산된 스마트폰은 이어폰 단자가 없다. C타입 무선마이크도 있지만 경우에 따라서는 마이크 젠더를 연결해야 하는 과정도 필요하다.

영상의 화사함을 주기 위해 필요한
조명

평상시 거실이나 방에서 사진을 찍었을 때를 떠올려보자. 형광등을 켜놓긴 했지만 사진이 생각보다 어둡게 나오는 경우가 많다. 라이브 방송을 진행하면 보통 이 정도의 밝기로 방송이 송출된다고 생각하면 된다. 조명은 여기에 화사함을 좀더 심어주고자 추가하는 것이다. 그래서 조명은 두 번째 화장에 해당한다. 라이브 방송의 조명이라 하면 보통 링라이트를 떠올리지만 링라이트는 제품을 위에서 촬영했을 때 효과적인데 반해 사람을 비춰주는 데는 한계가 있다. 따라서 라이브 방송에서 연출되는 전체적인 분위기를 밝게 유지하기 위해서는 스탠드 조명을 사용하는 것이 좋다. 조명 사용시 유의할 점은 조명을 하나만 사용할 경우 그림자가 만들어지기 때문에 가능한 2개는 써야 한다는 것이다. 이제 한 층 돋보이는 라이브 방송을 연출할 수 있게 됐다.

이렇게 간단하게 라이브 방송에서 사용되는 장비들을 소개했다. 방송의 횟수를 거듭할수록 진행과 장비 부분에서도 보완해야 할 점이 보이게 될 것이다. 하지만 라이브 방송 초반에는 내 상품의 가치와 매력을 어필하는 데에 주력해야 한다. 방송

링라이트 조명

라이브 영상을 촬영할 때 조명은 2개를 사용하는 것이 좋다.

경험이 많은 판매자들은 시간이 지나도 카메라 1대에 의지한 채 상품을 판매하고 있다.

고가의 방송 장비를 마련하는 것보다 시청자와 꾸준히 소통하겠다는 마음으로 채널을 성장시킨 후에 더 좋은 방송 장비로 '잘 만들어진' 영상을 기획한다면 나의 브랜드와 상품은 더 많은 소비자에게 전달될 것이다.

❸ 라이브커머스 마케팅의 진실

'짬뽕의 성지'로 불리는 군산에는 약 180개의 중국집이 있다. 그중 입소문을 탄 몇몇 매장은 항상 많은 인파들로 북적거린다. 그곳을 지날 때마다 '사람들이 몰리는 음식점의 비결은 무엇일까?'를 생각하게 된다. 맛이 특별한가? 하지만 다른 중국집들도 맛에서는 결코 뒤지지 않는다. 그렇다면 이유가 뭘까?

답은 사람의 심리에서 찾을 수 있었다. 뇌과학자 장동선 박사의 말에 따르면 사람은 다른 사람이 즐기는 무언가를 즐기지 못하게 될 때 불안을 느낀다고 한다. 맛집을 찾아다니는 이유도 이런 불안감을 해소하기 위함이라는 것이다. 유행에 따라 상품을 구입하는 소비 현상을 뜻하는 '밴드왜건 효과'도 이와 비슷한 맥락이다. 결국 다른 사람의 경험과 선택이 나의 결정에 크게 작용한다는 것을 알 수 있다.

인간이 다른 사람의 영향을 받는 존재라는 것을 증명할 만한 쉬운 방법이 있다. 인스타그램에 '#군산짬뽕'을 검색해보자. 수많은 게시물 중 90% 이상은 지금도 손님들이 문 앞에 줄지어 서 있는 몇몇 중국집이 차지하고 있다.

그렇다면 다른 사람의 결정은 어디에서부터 출발하는 걸까? 그 고민이 바로 마케팅이다. 라이브 방송에서 기획이 반이라면 나머지 반은 마케팅에 있다. 사실 고객의 핵심 니즈를 파악하고 구매까지의 전 과정을 분석할 수 있다는 측면에서 라이브커머스는 그 자체가 마케팅이라고 할 수 있다. 간혹 마케팅을 판매를 위한 상품 홍보 수단으로만 단정을 짓는 경우가 있는데 이는 잘못된 생각이다. SNS 마케팅, 바이럴 마케팅 등 다양한 방법으로 홍보했지만 상품과 가격이 합리적이지 않다면 무슨 소용일까? 운 좋게 상품은 많이 팔렸지만 남는 이익이 없다면 무슨 소용일까?

미리 언급하지만 이 장에서는 인스타그램이나 페이스북 등 마케팅 채널에 대한 소개나 운영 방법을 말하고자 함이 아니다. 이에 대한 궁금증은 관련 서적 및 자료를 통해 알아봐도 충분하다.

상품보다
상품을 파는 판매자의 신뢰가 높아야 한다

회원 수 42만 명의 한 커뮤니티에서는 하루에도 수백 개 이상의 귀농과 농업에 대한 질문들이 쏟아지고 있다. 커뮤니티의 특성상 주로 도시민들이 물어보고 농업에 관련된 사람들이 답을 하는 편이다. 그중 질문에 대해 객관적인 정보와 경험담을 섞어 답변해주는 농업인들이 있다. 구체적인 데이터가 귀한 농업에서 살아 있는 답변 하나하나는 귀농을 준비하는 사람들에게 매우 큰 힘이 된다. 여기에 흥미로운 점이 하나 있다. 이런 자발적인 이타적 행동은 그가 어떤 사람인지 또 어떤 농업에 종사하는지 명함을 내밀지 않았음에도 농업전문가로 존중받고 있다는 사실이다. 의도하지 않았지만 자연스럽게 농업전문가로 포지셔닝되고 사람들에게 신뢰를 얻게 되면서 그의 말에는 힘이 실렸다.

만약 아무런 활동이 없었던 누군가가 커뮤니티에 사과를 판매한다는 글을 올린다면 어떨까? 장담컨대 반응은 차가울 것이다. 왜일까? 명분이 없기 때문이다. 집 앞 마트에 가면 저렴하고 신선한 과일들이 즐비한데 자신과 상관없는 누군가가 사과를 판다고 그것을 구매하기 위해 자신의 주소를 알려주고 계좌이체를 하는 수고를 감내할 필요가 없는 것이다.

하나만 더 묻겠다. 그렇다면 마트에서도 살 수 있는 물건을 굳이 내가 진행하는 라이브 방송에서 사야 하는 이유는 무엇일까? 조금 싸게 살 수 있다는 것만으로는 부족하다. 결국 라이브커머스에서 판매가 원활하게 이어지긴 위해선 '왜 이 사과를 사야 되는가?'에서 '왜 나에게 사야 하는가?'로의 전환이 필요한 것이다.

**판매자가 곧 상품이다,
나를 내세워라**

라이브커머스 시장의 성장세에 맞춰 라이브 방송의 기획과 진행을 대행해주는 기업들의 수도 기하급수적으로 늘어나고 있다. 프리랜서 마켓 플랫폼인 '크몽' 안에 포진해 있는 약 80개의 라이브커머스 대행사들을 비롯한 대부분의 기업들의 역할은 사전 미팅 후 방송을 기획하고 진행하는 것이다. 여기에 투입되는 인원과 장비 그리고 방송 횟수에 따라 적게는 20만 원대에서 많게는 500만 원 이상의 금액이 측정되는데 한마디로 상품만 가져오면 알아서 다 해준다는 뜻이다.

아직 라이브 방송을 시작하기가 두렵다거나 상품의 노출량을 늘리고 네이버 쇼핑 순위를 향상시키겠다는 목적이라면 대행사를 선택하는 것도 좋은 전략임은 확실하다. 하지만 대행비로 200만 원을 지불했다고 가정했을 때 1시간의 라이브 방송에서 얼마의 매출이 발생해야 대행비를 제외하고도 수익을 얻을 수 있을지 꼭 짚어보길 바란다.

그렇다면 '사람들은 왜 나에게 구입해야 하는 걸까?' 라이브 방송을 준비하는 판매자라면 반드시 거쳐야 할 질문이다. 만약 '품질 좋은 상품을 저렴하게 살 수 있기 때문이다'라고 답했다면 반은 맞고 반은 틀렸다. 이유는 상품에만 포커스를 맞추면 나의 상품은 시중에 판매되는 여러 상품 중 하나에 불과하기 때문이다. 다른 상품과 비슷한 맛을 내고 영양도 딱 그 수준이라면 치열한 가격 경쟁은 피할 수 없는 숙제임이 분명하다.

라이브커머스에 특화된 종합 솔루션을 제공하는 기업인 '모비두'의 권정식 이사 역시 "콘텐츠화 되지 못한 단순한 라이브 포맷의 방송과 최저가만을 소구하는 방식은 매출의 한계점이 발생한다"고 일침했다.

무언가를 판다는 것은 나로부터의 출발, 구매자에게 구매 명분을 만들어줘라

그렇다면 대체 어떻게 해야 할까? 도움이 될 만한 이야기가 있다. 강원도 춘천에는 감자빵으로 유명한 '감자밭'이라는 카페가 있다. 이곳은 지난 한 해에만 640만 개가 넘는 감자빵을 판매했고, 연매출 100억 원을 돌파한 자타공인 강원도의 대표 농업회사다. 경기도 끝자락 여주에서 출발해도 1시간 이상이 걸리는 이곳에 60만 명이 다녀간 이유는 무엇일까? 답은 이곳만의 스토리가 있기 때문이다.

카페를 운영하는 젊은 대표 부부의 이야기, 그들이 감자빵을 만들게 된 우여곡절 스토리와 앞으로 펼쳐 나갈 가슴 뛰는 이야기가 한데 어우러져 콘텐츠가 되었고, '감자밭'만의 개성이 사람들의 마음과 발걸음을 움직이게 만든 원동력이 된 것이다.

영업 초반 하루에 대여섯 개 겨우 팔렸다던 감자빵이 홍보를 잘해서 이렇게 성장할 수 있었을까? 아니다. '감자밭'만의 개성이 담긴 콘텐츠가 있었기에 가능했다.

물건이 아닌 '나'라는 콘텐츠를 만드는 것. 이것은 고객이 나를 찾아오게 만드는 명분이자 나를 알아가는 과정이기도 하다. 결국 무언가를 판다는 것은 '나로부터의 출발'이라는 의미다. 나를 알아야 콘텐츠가 나오고 그 안에서 고객들에게 나의 상품을 전달할 수 있는 것이다.

그럼 어떻게 하면 좋을까? 답은 간단하다. 내가 곧 '상품'이라고 생각하면 된다. 내가 키운 농산물의 원산지와 성분, 영양소를 말하는 것처럼 '나는 누구인가?', '나는 어디에 살고 어떻게 살아왔는가?', '내가 농사를 짓게 된 이유는 무엇인가?', '내가 키우는 작물은 무엇인가?', '내가 좋아하는 것과 싫어하는 것' 등을 꺼내 공유해보자. 블로그도 좋고, 인스타그램도 좋다. 유튜브도 좋고, 페이스북도 좋다.

그 안에서 의미와 가치를 발견한 고객은 이제 이동시간이 1시간 이상이라도 찾아올 이유가 생겼고, 옆집보다 1,000원이 비싸더라도 믿고 구매할 이유가 생긴 것이다. 비로소 시청자나 구매자가 나의 라이브 방송을 기다리면서 내 상품을 장바구니에 담는 명분이 생긴 것이다.

④ 라이브커머스 기획안 예시

       라이브커머스를 하기로 결정한 뒤 방송을 위한 과정을 성실하게 수행했다면 라이브 방송 기획안을 준비해야 한다. 체계적인 기획안이 나와야 라이브 방송을 원활하게 진행할 수 있다.

    라이브 방송 기획안을 통해 방송 주제를 선정했다면 방송에서 진행해야 할 매뉴얼을 생각해야 한다. 특히 매뉴얼에 맞춰 시간 배분을 잘해야 한다. 자칫하다가 신상놀이로 빠질 수도 있다. 258페이지의 표를 예로 삼아 방송 매뉴얼을 작성해보자.

○○○	라이브커머스 기획안 예시	↓ ⋮
구분	내용	비고
방송 제목	○○딸기, 당도 보장 꿀딸기 라이브 특가	
일시 / 장소	00월00일 10시 / 스튜디오	
진행자		
방송 진행 시간	1시간	
판매 상품	딸기	

○○○	방송 매뉴얼 예시		↓ ⋮
	방송 주제/시간/상품		
	구 성	내용	소요시간	비고
1	오프닝	인사/스몰토크		
2	방송 안내	상품 안내/구매 혜택/구매 방법		
3	상품 소개	브랜드 스토리		
4	상품 장점	맛, 시식, 다양한 활용		
5	이벤트	퀴즈, 구매 인증, 리뷰		
6	가치 전달	상품의 의미 전달		
7	클로징	클로징/소식 알림 강조		

○○○		라이브 방송 큐카드 예시		↓ ⋮
구분	내용	상세 스크립트	소요시간	비고
2	방송 안내	#라이브 방송 판매 상품 #구매 혜택(라이브 특가, 이벤트 할인 등) #구매 방법		

⑤ 라이브커머스 체크리스트

본격적인 라이브 방송에 들어가기 전 꼭 체크 해야 할 사항들이 있다. 특히 방송을 처음 하는 사람들은 마음이 열정으로 가득한데 정신이 멍해져서 가벼운 실수를 하는 경우가 많다. 체크 해야 할 사항은 방송 전, 방송 중, 방송 후로 나눴으니, 중간중간 이 표를 보면서 준비 사항들을 점검하기 바란다.

구분	내용	주요 점검 사항	체크
방송 전	판매 상품 선정	메인 상품, 이벤트 상품 구성	☐
	재고 확보	판매 가능 수량 확인	☐
	상품 구성 숙지	수량, 가격 등 상품 정보	☐
	방송 날짜/시간 선정	상품 특성 고려 선정	☐
	방송 플랫폼 정하기	네이버, 그립 등	☐
	방송 콘셉트	할인전, 소통	☐
	진행자 섭외	방송 콘셉트에 맞는 진행자 섭외	☐
	촬영 장소 확인	촬영 구도 및 인터넷 환경 점검	☐
	기획안 작성	시나리오 작성	☐
	큐시트 작성	방송 흐름 파악	☐
	출력물	판넬, POP 출력물 등	☐
	용모	화면에 주로 잡히는 부분 중점 점검	☐
	상품 디스플레이	카메라 앵글 테스트	☐
	네트워크 환경 구축	유무선 인터넷 속도 확인	☐

라이브커머스 체크리스트

구분	내용	주요 점검 사항	체크
방송 전	카메라(스마트폰) 점검	배터리 충전, 방해금지 모드, 무음 모드 등	☐
	조명	실제 방송 시간대에 조명 세팅	☐
	오디오	마이크 잡음 점검, 저작권 없는 배경음악 등	☐
	리허설	방송 30분 전 최종 점검	☐
	사전 홍보	방송 1주일 전, 방송 시작 직전 홍보	☐
방송 중	오프닝	텐션 UP, 스토리텔링, 명확한 방송 의도 전달	☐
	상품 설명	정확하고 간결하게 소비자의 입장에서 전달	☐
	모니터링	실시간 채팅창 확인 및 소통	☐
	흥미 유도	이벤트, 게임 등으로 분위기 조성	☐
	판매 유도	상품에 대한 가치 전달	☐
	클로징	상품 어필, 알림 설정, 방송 예고	☐
방송 후	시청자 댓글 분석	추후 상품 기획시 적용	☐
	방송 피드백	조회수, 체류 시간, 상품 구매 등 데이터 분석	☐
	차후 진행 방송 기획	피드백 자료 반영	☐

하면 된다!
라이브커머스

• • •

① 김 씨의 경쟁 상대는 박 씨가 아니다

영국 컨설팅업체인 브랜드 파이낸스가 발표한 '2021 의류 브랜드 순위'에서 구찌와 루이비통 등 명품 브랜드를 밀어내고 1위를 차지한 기업이 있다. 바로 '나이키'다. 그 뒤로 아디다스와 샤넬 등 내로라하는 경쟁 브랜드들이 맹추격하고 있지만 전문가의 분석으로 미루어 봤을 때 나이키의 아성은 쉽게 흔들릴 것처럼 보이진 않는다.

개인과 기업에게는 흔히 라이벌이라는 경쟁 상대가 있기 마련이다. 메시와 호날두, 코카콜라와 펩시, 삼성과 애플처럼 말이다. 그렇다면 나이키의 경쟁사는 어디일까? 아디다스일까? 틀렸다. 나이키가 경쟁 상대로 규정한 기업은 놀랍게도 게임회사인 '닌텐도'다. 이유는 청소년들이 닌텐도 게임을 통해 실내에서도 다양한 스포츠 경기를 할 수 있게 되자 갈수록 집밖에서의 운동을 즐기지 않는다는 분석에서다.

우리의 라이벌은 동종업계의 누군가가 아니다

이런 나이키의 사례가 우리에게 시사하는 바는 다음과 같다.

첫 번째, 우리의 라이벌은 동종업계가 아니라는 것이다. 바닷가에서 횟집을 운영하시는 어머니 가게 주변에 언제부턴가 횟집이 늘어나기 시작했다. 가뜩이나 경쟁이 치열한 곳인데 더 치열해질 것이 우려스러운 마음에 어머니께 손님들 다 빼앗기겠다며 걱정을 표현한 적이 있었다.

하지만 정작 어머니는 전혀 다르게 말씀하셨다. 이렇게 횟집이 여러 군데 들어서니 뜸하던 관광객들의 발길도 많아지고 오히려 동네가 활기가 생겨서 식당들도 영업이 잘된다는 것이었다. 게다가 상권이 활성화되자 지자체의 관심도 커졌다는 소식도 전해 들을 수 있었다. 결국 우려는 기우에 불과했다. 횟집의 경쟁 상대는 옆의 횟집이 아니었다.

농촌도 마찬가지다. 오이 농장을 운영하는 김 씨의 경쟁 상대는 옆 마을에서 오이 농장을 운영하는 박 씨가 아니다. 농촌의 경쟁 상대는 수입 농산물로 인한 가격 경쟁력 하락과 자극적인 먹방 영상을 찍어내는 콘텐츠에 의한 농산물 수요 감소 등에서 찾아볼 수 있다. 일대일 경쟁 구도를 형성하면 오히려 가격 싸움만 부추기는 결과를 초래한다. 결국 서로에게 불이익이다.

두 번째, 이를 해결하기 위해서는 판매의 포커스를 경쟁자에서 소비자로 이동해야 한다. 나이키가 닌텐도에 앞서고자 노력했던 부분은 단순히 매출이 아니었다. '어떻게 하면 소비자의 삶에 침투할 수 있을까'였다. 나이키는 어떻게 기업이 추구하는 본질을 지키면서 동시에 소비자의 선택을 받을 수 있었을까? 정답은 바로 콘텐츠에 있다. 나이키는 사람들이 게임을 좋아하는 이유인 도전, 성취, 흥미 그리고 관계 등의 요소를 나이키에 접목시킴으로써 소비자의 높은 충성도를 얻을 수 있을 것이라고 판단했다. 그리고 '나이키 런 클럽'으로 증명했다.

농업인은 '건강한 먹거리'라는
핵심 가치를 여러 루트를 통해 전달해야

여기에서 우리가 얻을 수 있는 교훈은 무엇일까? 나이키는 '운동'이라는 핵심 가치를 전달하기 위해 더 좋은 신발, 더 좋은 트레이닝복의 개발이 아닌 소비자에게 디지털 경험을 전달하는 메신저 역할에 집중했듯이 농촌도 '건강한 먹거리'라는 핵심 가치를 전달하기 위해 디지털 기술을 접목해야 한다. 그런 노력 중 하나가 바로 라이브커머스다.

그러므로 라이브 방송의 역할이 우리 농산품의 구매 전환율을 높이고 홍보하는 데만 그치게 해서는 안 된다. 라이브 방송을 통해 농산물 생산지의 현장을 담아 시청자에게 보여줌으로써 대형 마트와의 차별화를 모색하고, 동시에 농산물에 대한 진정성을 멀리 떨어진 지역까지 보내줌으로써 농촌의 가치와 경쟁력을 증명해야 한다. 농촌이 도전해야 할 일들은 여전히 많지만 농촌의 핵심 가치를 잊지 않는다면 농촌의 미래는 더 밝아질 것이 분명하다.

❷   품앗이로 상생하자

앞서 소개한 강원도 춘천의 '카페 감자밭'은 지역 30개 농가와의 계약 재배를 통해 감자를 수급하고 있다. 감자빵을 만들기 위해 소비되는 감자의 양이 하루에만 3톤, 1년이면 100톤의 감자를 소비하는 셈이다.

강원도 춘천에 '카페 감자밭'이 있다면 전북 부안에는 찐빵으로 유명한 '슬지제빵소'가 있다. '슬지제빵소' 역시 지역 50여 농가와의 계약 재배를 통해 연간 30톤의 팥을 소비하고 있다. 지역 내 팥 생산 농가가 부족해 다른 지역의 팥을 수급할 정도였다고 하니, 그 양을 가늠하기 어려울 정도다. 부안군은 이를 개선하기 위해 팥을 군 특화품목으로 지정하고, 2025년까지 100여 농가가 연간 100톤 규모를 생산할 계획이라고 밝혔다.

기업과 생산 농가의 상생은
함께 또는 더불어 산다는 의미일 수도

작은 카페가 지역에 미치는 영향이 이렇게 크게 작용할 것이라고 누가 예상했을까? 기업과 생산 농가와의 상생이 보여주는 성공 사례는 보는 내내 뿌듯함을 느끼게 해줬다. '상생', 함께 또는 더불어 산다는 의미다. 일을 주고받는다는 의미를 가진 농촌의 '품앗이'가 이와 비슷한 맥락이라고 볼 수 있다.

라이브커머스를 처음 접했을 때 이것이야말로 농촌을 위한 무대임을 직감했다. 최근 몇 년간 많은 지자체에서는 농촌의 소득 향상을 위해 온라인 쇼핑몰 개설을 독려하고 온라인 마케팅 교육에 집중했다. 그 결과 많은 농가에서 온라인 판매를 시작하게 됐고 유의미한 성과도 이루게 됐다. 그러나 여러 시행착오도 존재했다. 매장에 물건만 진열한다고 판매가 이뤄지지 않듯이 온라인 판매 역시 홍보, 포장, 상품 문의 등 신경 써야 할 부분이 상당히 많았던 것이다.

개인적으로 온라인 마케팅 교육은 SNS 활용법이나 온라인 쇼핑몰 개설보다 내 상품을 브랜딩 하는 방법과 상품에 어떤 스토리를 담을 것인지에 대한 것에 좀더 무게를 실어야 한다고 생각한다.

그럼에도 불구하고 지자체와 농가의 노력이 만들어낸 온라인 판매 경험은 라이브커머스 시장에서 진가를 발휘할 것이라고 확신한다. 그 이유는 농촌이 가지고 있는 품앗이 정신에 있다.

서로의 농산물과 서로의 역량을
품앗이할 수 있는 농촌이야말로 라이브커머스의 최적지

온라인 쇼핑몰은 개인 사업자의 성향이 강하다. 쇼핑몰을 개설하고 상세페이지를 만들고 주문과 발주의 모든 과정을 한 개인이 맡아서 해야 한다. 누군가 도와준다고 일의 효율이 극대화되지 않는다. 반면에 라이브 방송은 힘을 모을수록 기대 효과가 크다. 같은 작물이라면 함께 방송을 기획할 수 있고 상품을 다량으로 확보함으로써 가격 경쟁력도 갖출 수 있다. 다른 작물이라면 더 좋다. 우리 마을의 다양한 농산물 콘텐츠를 보여줄 수 있기 때문이다. 논과 밭, 과수원과 정미소 등 농촌의 모든 곳이 스튜디오가 되고, 사과나무와 뒤로 보이는 하늘이 배경이 되며, 옆집 미옥이네가 든든한 스태프가 되는 곳이 농촌이다.

물론 혼자서도 가능한 것이 라이브 방송이지만 팀보다 위대한 개인은 없는 법이다. 한 마을에 5개 농가만 라이브커머스 시스템을 알고 있다면 그 마을은 라이브커머스 특화 마을로 성장할 수 있다. 서로의 농산물과 서로의 역량을 품앗이할 수 있는 농촌이기에 가능한 일이다.

디지털 환경이 첨단화되고 농가들의 온라인 지식도 높아지고 있다. 라이브커머스가 농가 소득에 미치는 긍정적이 데이터들도 입증되고 있다. 혼자서 하기 힘든 일도 함께라면 가능하다. 농촌의 상생이 곧 농촌과 소비자의 상생이 될 것이라 믿는다.

❸ 라이브커머스를 망칠 수 있는 생각

‘라이브커머스나 해볼까?’

내가 처음 스마트스토어를 시작하게 된 계기는 5년 전 경제 유튜버 「신사임당」 채널을 보고 나서였다. "누구나 스마트스토어로 월 1,000만 원을 벌 수 있다"는 유튜버의 말에 호기심이 충만해져 곧장 사업자 등록부터 했던 기억이 난다. 당시 이미 하고 있던 일로 바쁜 상태였지만 '부업으로 한번 해보면 어떨까'라는 단순한 생각에서의 출발이었다.

결과는 어땠을까? 정확히 반년 후 폐업신고를 했다. 온라인 쇼핑몰 하나 만들어놓으면 주문이 밀려들어올 줄 알았다. 그러나 상품은 어디에서 공급받을 것이고, 가격은 어떻게 책정할 것이며, 상세페이지에는 어떤 키워드를 써서 유입량을 늘릴 것인가에 대해서는 전혀 고민이 없는 쇼핑몰을 찾아오는 사람은 없었다. '스마트스토어나 해볼까?'라는 안일한 생각이 불러온 참사였다.

'한번 해볼까?'라는 마음은
그저 안일한 생각일 뿐

반면에 음식점을 오픈했을 때와 책을 쓰기로 결심했을 때는 달랐다. 만약 내가 '장사나 해볼까?'라는 마음으로 음식점을 시작했다면 지금쯤 나는 빚에 허덕이고 있었을 것이다. 장사의 본질은 놓치고 어떻게 하면 더 근사한 인테리어를 할 수 있을까에만 많은 시간을 할애했을 것이기 때문이다.

월세가 얼마가 됐든 번듯한 건물에서 매장을 운영하는 사장님 소리를 듣고 싶다는 욕망도 있었다. 하지만 겉모습에만 치중하지 않고 내실을 다지는 데에 충실하기로 결심한 결과 월세 50만 원의 10평이 채 안 되는 작은 식당에서 월 3,000만 원의 매출을 낼 수 있었다. 와이프와 단둘이 운영한 첫 번째 가게였다.

A4 1장 쓰기도 힘들어하던 내가 '책이나 써볼까?'라는 마음에 글을 쓰기 시작했다면 어땠을까? 이렇게 두 번째 책을 쓰고 있는 일은 불가능했을 것이다.

지금의 나는 어떠한지 살펴보자. 10년 넘게 농촌을 오가며 살아왔지만 적어도 우리 마을에서는 '농사나 지어야지'라고 생각하시는 분을 만날 수 없었다. 모든 분들이 각자의 소명과 목적의식을 가지고 농업에 종사하고 계셨다.

라이브커머스에 대한 뉴스가 연일 쏟아져 나오고 있다. 대부분 라이브커머스가 새로운 유통 판로로써 희망적이라는 이야기다. 맞는 말이다. 하지만 남들이 그렇다고 나 역시 그럴 것이라는 보장은 없다.

남들이 잘된다고 하니 '나도 라이브 방송이나 해볼까?'라는 마음으로 시작한다면 좋은 결과를 기대하기 힘들 것이다. 아는 것과 할 줄 아는 것은 엄연히 다르기 때문이다.

생각의 전환이
용기를 낼 수 있는 힘이 된다

1시간 방송을 하기 위해서는 A4 20장 분량의 원고를 준비해야 한다. A4 20장도 적은 양이 아닌데 1시간 방송을 준비하는 과정은 더 고되다. 라이브 방송이 동네 이웃과 대화하듯 편하게 진행해도 된다고는 하지만 방송 경험이 없는 사람이 1시간 동안 방송을 이끌어 가기란 쉽지 않은 일이다. 당연히 부담스러울 수밖에 없다.

하지만 정확한 목표의식을 가지고 차근차근 준비하고 연습하면 어느새 1시간 방송을 진행할 수 있는 힘이 생길 것이다. 프로를 만드는 것은 연습뿐이다. 그리고 우리는 전문 쇼호스트가 되려는 게 아니다. 사람들이 게임을 좋아하는 이유는 지속적인 성취감을 느낄 수 있기 때문이다.

우리도 10분, 20분, 30분 조금씩 시간을 늘려가면서 작은 성취감을 느껴보자. 처음부터 잘하는 사람은 없다. 전문 방송인들도 대중 앞에 서면 긴장하는 것은 마찬가지다. 돈을 받고 상품을 소개하는 쇼호스트들

처음 라이브커머스를 시작하면 매출을 올리기보단
내가 생산한 농산물을 알리면서 소비자와 신뢰를 쌓는 것에 더 치중해야 한다.

은 매출로 결과를 증명해야 하는데 얼마나 더 긴장되겠는가? 우리는 상품을 많이 판매한다기보단 우리의 농산물을 소비자들에게 알리고 신뢰를 쌓는 것에 집중하는 것으로 시작해야 한다.

무엇보다 평소에 연습을 생활화하는 것이 중요하다. 수확할 때마다 잠깐씩 상품을 소개하는 연습을 해보거나 재배하고 수확하는 과정을 블로그에 기록하는 것도 추천한다. 연습이 쌓여 실력이 되고 기록이 쌓여 데이터가 되면 라이브 방송에서 좋은 시나리오로 활용할 수 있다.

무엇을 시작하는 데는 큰 용기가 필요하다. 하지만 그 용기는 '라이브 방송이나 해볼까?'에서 '라이브 방송을 해보자'로의 생각의 전환에서 생길 수 있다. 우리 한번 도전해보자!

④ 그래도 라이브커머스다!

　　　　　결국 라이브커머스란 인터넷으로 상품을 판매하는 것이다. 농업도 사업이라는 지역 농업기술센터 관계자의 말처럼 우리는 사업가이기에 이익을 추구하는 것은 이제 당연한 일이 됐다. 판매를 위해 가장 필요한 것은 무엇일까? 그렇다. 판매할 상품이 필요하다. 그렇다면 판매를 위해 가장 필요한 덕목은 무엇일까? 이 이야기가 내가 전하고자 하는 마지막 메시지다.

"충남 예산에서 조그마한 옷 가게를 운영하고 계시는 사장님이 라이브를 진행하기가 너무 어려우셨는데 그럼에도 매일매일 라이브를 운영하시면서 6개월이 지난 현재는 라이브 매출만 1억 원 이상을 달성하고 계십니다."

-네이버 쇼핑라이브 박수하 리더의 '2021 굿인터넷클럽'의 인터뷰 중에서

어떤 아이템이 됐든 매장을 운영하려는 사람이 가장 먼저 고민하게 되는 것이 상권이다. 목이 좋아야 영업이 잘된다는 것이 당연한 이치로 여겨지는 게 사실이지만 위의 사례에서 봤듯이 라이브커머스에서는 더 이상 상권이란 말이 통하지 않게 됐다.

> 딸기 : 109만 9,040건
>
> 고구마 : 61만 1,963건
>
> 천혜향 : 1만 7,284건

위의 수치는 각각의 작물을 네이버에 검색했을 때 나오는 쇼핑 판매 정보다. 최근에 방울토마토 재배에 관심이 생겨 검색해보니 51만 2,351건의 쇼핑 정보가 검색됐다.

혹시 내가 판매하려는 작물이 있다면 네이버에 검색해보자. 사람들에게 관심을 받는 상품인지 다른 농가에선 어떤 식으로 판매하는지 살펴보는 것만으로도 내 경쟁력이 될 수 있다. 검색량만 보면 걱정부터 앞서는 건 사실이다. 하지만 앞서 말한 네이버 검색 지수에 기반한 스마트 스토어 운영이 뒷받침된다면 검색 첫 페이지에 내 상품이 노출될 가능성이 커진다. 이 외에도 푸드윈도 입점 등 네이버에서 내 상품을 홍보할수 있는 방법은 다양하니 이 역시 잘 활용했으면 한다.

경쟁에서 이기는 확실한 방법은
바로 '신뢰'다

경쟁에서 이기기 위한 다양한 방법들이 존재하지만 1가지 확실한 건 분야를 막론하고 경쟁은 치열하다는 것이다. 또 1가지 분명한 건 경쟁 우위를 점령하기 위한 다양한 기술이 있더라도 '신뢰'가 없는 판매는 경쟁에서 이길 수 없다는 점이다. 신뢰는 기술에서 나오지 않는다. 신뢰는 사람과 사람 사이의 관계에서 나온다. 소통에 제한적이었던 온라인 쇼핑몰에서의 신뢰도는 상품의 특징과 각종 인증마크 등이 대신했다. 하지만 쌍방향 소통이 핵심인 라이브 방송에서는 우리의 이야기가 곧 신뢰를 쌓는 비결이 된다. 스토리만 있다고 신뢰가 쌓이는 것은 아니다. 나를 입증하기 위한 노력, 소통을 위한 즐거움도 필요하다.

신뢰를 쌓기 위해
반드시 실천해야 할 방법

그렇다면 판매자와 구매자가 신뢰 관계를 쌓기 위해서는 어떻게 해야 될까? 첫째, 주변에서부터 인정받아야 한다. 『논어』의 자로편에는 '근자열 원자래近者說遠者來'라는 구절이 나온다. '가까이 있는 사람을 기쁘게 하면 멀리 있는 사람도 찾아온다'라는 뜻이다.

라이브커머스에 성공하고 싶다면 내가 사는 지역의 지인과 소비자 그리고 내가 운영하는 사회관계망서비스에서부터 나와 내 상품을 알리며 신뢰를 쌓아야 한다. 내 주변에서도 인정받지 못한 상품이 다른 곳에서 인정받는 경우는 극히 드물다. 그럴싸한 마케팅 전략에 속아 구매를 당하는 소비자도 이제는 드물다.

맛집 검색 중 광고성 짙은 음식점들 사이에서 '현지인 맛집'으로 이름난 곳을 찾아가면 실패할 확률이 거의 없다. 지금 있는 곳에서 인정받으려 노력하는 것이 우리나라 전체의 신뢰를 얻는 첫걸음이 될 것이다. 믿음은 한 번에 만들어지지 않는다.

1982년 익산역 근처에서 잃어버린 딸을 찾으려 창업해 지금은 가맹점 700호점을 돌파한 맥주 전문점 '역전할머니 맥주', 전북 완주군에서 시작해 전국으로 영역을 확장하고 있는 과일 전문 카페 '옐로우팜', 동네에서 시작해 백화점까지 입점한 '부안 슬지제빵소'와 '춘천 카페 감자밭' 등을 보자. 이곳들은 모두 해당 지역에서의 경험을 무기 삼아 성공의 발판을 다졌다. 멀리 보기 전에 가까운 곳부터 믿음을 주는 것이 신뢰 관계를 쌓는 첫 번째 방법이다.

둘째, 나만의 콘텐츠를 만들어야 한다. 라이브커머스에서 콘텐츠는 가장 강력한 무기다. 라이브커머스 시장의 확장에 따라 많은 기업들과 라이브 방송 대행사와 전문 쇼호스트들이 진입하면서 그 경쟁은 갈수록 심해질 것이라는 게 전문가들의 예상이다. 동시에 그 안에서의 경쟁력은 콘텐츠라고 제시했다.

콘텐츠의 생명이 신선함이라면 농촌의 콘텐츠는 무한하다. 마을회관 앞에 나란히 주차된 어르신 보행기, 마을버스 뒷자리에서 보이는 할머니들의 똑같은 헤어스타일, 씨를 뿌리고 수확하는 동네 아주머니와 아저씨, 지역 사람들만 아는 숨은 명소 등 도시 사람들은 접해보지 못한 모든 스토리가 콘텐츠다.

콘텐츠는 즐거움이다. 상품과 나의 가치가 증명된 상태에서 시청자가 즐거움까지 느끼면 신뢰 관계는 더 두터워진다. 실제로 만난 적은 없지만 아는 사이인 것 같은 느낌. 라이브커머스에서는 가능한 일이다.

셋째, 모든 상황을 놀이처럼 즐겨야 한다. 한창 온라인 쇼핑몰이 유행하자 온라인 쇼핑몰에 사람들이 몰렸다. 그 뒤 유튜브가 유행하자 유튜브에 사람이 몰렸다. 많은 돈을 벌 수 있다는 소식이 들리면 사람들은 부동산이든 주식이든 겁없이 뛰어들곤 했다.

라이브커머스가 유행하니 라이브커머스를 해야 된다는 것이 아니다. '내가 뭘 이런 것까지 해'라며 터부시하기보다 농촌과 우리 농산물을 알린다는 마음으로 시작한다면 이 또한 재미있는 놀이가 될 것이다. 반면에 새로운 플랫폼이 생겼으니 여기에서 돈 좀 벌어보자는 생각으로 접근한다면 그 순간부터 라이브커머스는 고된 노동이 될 것이다.

유튜브가 됐든, 어딘가에 투자를 하든 가장 손해가 큰 사람은 즐기지 못하는 사람이다. 이거 아니면 안 된다는 생각으로 배수의 진을 치듯 전진하는 사람이 가장 손해를 많이 본다. 구독자와 조회수에 민감하고, 실시간 오르내리는 주가지수에 예민할수록 스트레스만 불러오고 그릇된 판단을 하게 만든다.

너무 잘하려고 욕심 부리기보단
천천히 한 걸음부터 나아가길

라이브커머스를 너무 잘하려고 하지 말자. 쇼호스트처럼 화려한 말

농촌은 도시 사람들이 접해보지 못한 스토리가 있다.

주변이 없다고, 유명하지 않다고, 속상해할 필요도 없다. 매출이 나거나 늘지 않는다고 포기하지 말자. '로마는 하루아침에 이루어지지 않았다' 는 격언을 되새기면서 씨를 뿌리고 기다리는 농부의 마음으로 한 걸음씩 나아가자. 진심은 통하기 마련이다. 어쩌면 우리에게 필요한 건 기술이 아니라 용기다.

우리에게 필요한 것은 기술이 아니라
용기가 먼저다

올해 첫눈이 내리던 날 전북 고창에서 진행하는 라이브 방송에 참가하고 왔다. 이번이 벌써 '선운산 쌀과방' 대표님과의 3번째 방송이다.

처음 대표님을 뵀을 때가 생각난다. 약속 시간보다 일찍 도착해 사무실에서 대기하던 나는 대표님의 다양한 수상 경력에 한동안 눈을 떼지 못했다.

'한식의 날 전통음식경연대회 대상', '한국음식관광박람회 대통령상', '대한민국 국제요리&제과 경연대회 대상'

이외에도 많은 상장들이 전시되어 있는 것을 보면서 대표님이 이 업을 이어오신 세월과 이 업을 지키기 위해 얼마나 많은 노력을 하셨는지를 엿볼 수 있었다. 문이 열리며 벌써 왔냐고 환하게 인사를 건네시는 대표님의 표정은 자신감과 자부심으로 가득차 있었다.

대표님이 운영하는 공장은 해썹^{HACCP} 인증을 증명하듯 깔끔했다. 마치 나를 찾는 소비자들은 언제나 안심하고 먹을 수 있다는 말을 하고 있는 것 같았다. 해썹은 식약처에서 안정하고 믿을 수 있는 식품을 선택할 수 있도록 엄격하게 평가한 식품에 붙은 마크로, 식품의 원재료부터 제조와 유통 단계의 전 과정에서 발생할 수 있는 위해 요소를 분석하고 미리 제거하며 관리하는 식품 안전 관리 제도다.

한과를 생산하는 대표님은 모든 과정을 직접 하셨다. 말 그대로 '수제 한과'다. 다양한 상품을 만들기 위해 농사도 지으신다고 하셨다. 잠시 정리해보자.

'청정 지역 고창에서 재배한 농산물을 위생 최고 단계의 인증 시설에서 만든 대한민국이 인정한 수제 한과.'

우리가 소비자라고 가정했을 때, 이 정도면 믿고 구매할 만하다고 생각되지 않을까? 나는 '선운산 쌀과방'의 라이브 방송에 3번 참여했는데 이 정도의 맛과 품질이라면 고창에서만 팔릴 것이 아니라 고급 포장지에 담겨 백화점에 입점하는 게 맞는다고 생각했다. 안타깝게도 그것이 쉽지 않다는 게 농촌의 현실이다. 상품의 질보다 마케팅을 앞세워 유명세를 떨치는 경우를 많이 봤는데 그럴 때마다 돈 버는 사람은 따로 있다는 말이 틀린 말이 아니란 것을 절감하곤 했다.

공장 한쪽에 우두커니 자리한 삼각대가 보였다. 사실 대표님께서는 나와의 인연이 닿기 전 지역에서 주최한 라이브커머스 교육도 이미 수료하신 상태였고, 그 교육 과정 중에 라이브 방송도 진행한 경험이 있으셨다. 하지만 나에게 도움을 요청한 이유는 따로 있었다.

"배울 때는 알겠던데 막상 혼자 하려고 하니 차일피일 미루게 됐고, 이제는 다시 배워야 될 것 같아요."

그래서 내가 물었다.

"대표님은 왜 라이브 방송을 하려고 하세요?"

그 이유는 분명했다. 한 번 맛본 사람이라면 모두 감탄을 금치 못하는데 문제는 전국적으로 홍보하기가 너무 어렵다는 것이다. 아무리 좋은 상품이라도 구매로 이어지지 않는다면 그 기업은 유지되기 어려운 게 사실이다. 품질에 인생을 걸었는데 판매가 안 되니 판로 확장을 위한 수단으로 라이브커머스를 선택하신 것이다.

종종 사람들은 좋은 상품을 온라인 쇼핑몰에 올려두기만 하면 알아서 팔릴 것이라고 생각한다. 하지만 현실은 절대 그렇지 않다는 것을 명심해야 한다. 또한 온라인 쇼핑몰에서는 판매가 없는데 라이브 방송 한 번으로 매출을 급격하게 올린다는 것 역시 불가능에 가깝다. 이건 길거리에 나가서 모르는 사람들에게 내 물건 사달라는 것과 똑같다.

라이브 방송의 승패는 판매 실적보다
나의 브랜드를 알리는 것에서 시작한다

본문에서도 여러 번 언급했지만 라이브 방송을 시작하는 단계라면 우선 나를 알리는 것을 목표로 해보자. 나의 상품을 알리겠다는 마음은 물건을 판매하겠다는 마음과는 다르다. 전자는 설명하는 것이고, 후자는 설득하는 것이기 때문이다. 나와 대표님은 '선운산 쌀과방'을 사람들에게 알리고 라이브 방송에 대한 두려움을 극복하는 데에 초점을 맞추기로 했다. 네이버는 새싹 등급에 미치지 못한 탓에 그립에서 라이브 방송을 진행했다. 거치대에 놓인 스마트폰 1대와 두 사람을 비추는 조

현재 우리에게 필요한 것은 탁월한 기술이 아니라 한 보 앞서가려는 용기가 아닐까 싶다.

명. 방송이 켜지자 생산자와 소비자가 이어지는 새로운 세상이 열렸다. 1명, 2명, 100명, 200명이 라이브 방송에 들어왔다. 무슨 말을 해야 할지 모르겠다고 말씀하셨던 대표님은 말씀과는 반대로 자연스럽게 라이브 방송을 진행하셨다.

  '청정 지역 고창에서 재배한 농산물을 위생 최고 단계의 인증 시
  설에서 만든 대한민국이 인정한 수제 한과.'

이것만큼 풍성한 스토리가 있을까?

내가 걸어왔던 스토리에 한과를 만드는 모습까지 화면에 담으니 시청자들의 질문과 반응은 쏟아졌고, 장바구니에도 하나둘 상품이 담겼다.

그렇게 1시간의 방송이 끝나자 대표님은 후련한 듯한 표정을 보이셨다. 내 상품에 대한 가치를 알렸다는 것, 망설임보다 도전을 선택했다는 것에 대한 표현이었다.

우리가 망설이고 있는 순간에도 누군가는 도전한다

아무리 훌륭한 이론일지라도 실천에 옮기지 못하면 무용지물이다. 국내 라이브커머스 플랫폼에서 발생하는 라이브 방송 통계를 보여주는 웹사이트인 '라방바 데이터랩'에 의하면 하루 평균 송출되는 라이브 방송이 무려 1,000회 이상이라고 한다. 우리가 망설이고 주저하는 이 순간

에도 누군가는 시도하고, 자신의 가치를 알리고 있는 것이다.

라이브 방송에는 성공과 실패가 없다. 단지 했느냐, 하지 않았느냐만 존재할 뿐이다. 지금까지 앞에서 다루었던 라이브커머스에 대한 이론을 이해했다면 라이브 방송에 도전해보자. 상품을 어떻게 진열하고, 어떻게 전달할 것인지에 대한 고민은 라이브 방송 횟수가 거듭될수록 자연스럽게 이어질 것이다. 그렇게 나만의 콘셉트를 정립해 나가면 된다.

이러한 노력들과 함께 나의 브랜드가 성장하는 모습을 지켜보면 어떨까? 다시 말하지만 어쩌면 우리에게 필요한 것은 기술이 아니라 용기일지 모른다.

신문석

부농의 기술
라이브
커머스

초판 1쇄 인쇄 2023년 1월 5일
초판 1쇄 발행 2023년 1월 31일
—
글 신문석
—
발행인 최명희
발행처 (주)퍼시픽 도도
—
회장 이웅현
기획 · 편집 홍진희
디자인 김진희
홍보 · 마케팅 강보람
제작 퍼시픽북스
—
출판등록 제 2014-000040호
주소 서울 중구 충무로 29 아시아미디어타워 503호
전자우편 dodo7788@hanmail.net
내용 및 판매 문의 02-739-7656~9
—
ISBN 979-11-91455-74-8(13320)
정가 20,000원